PARTNERS' BOOK FOR YOUNG TEACHERS

若い先生のパートナーズBook

授業づくり

最高峰めざす授業

自分で授業分析・診断・改善する㊙ヒント

川合賢典

編著

はじめに

　私たちは、なぜ授業記録を取る（読む）のでしょうか。

　それは、

> 自分の授業改善に役立てるため

です。

　教員生活 20 年間で、自分の授業だけでなく、たくさんの授業記録を読んできました。

　授業記録の良さとは何でしょうか。

　私は、以下の３つだと考えます。

> ① 自分をメタ認知できること
> ② 授業の再現力を鍛えられること
> ③ 授業の分析力を上げられること

　授業記録から、授業を再現する過程で「発問の仕方」であったり、「子どもへの対応」であったり、「教師の教授行為」などを分析していきます。

　それらを、自分の授業改善につなげていくのです。

　授業改善と一口に言っても、その分野は多岐にわたります。

　それ故に、テーマを設けることが大切です。

　学校の研究テーマを深めるための授業記録もあります。

　教科研究のための授業記録もあります。

　個人の教師修業のための授業記録もあります。

　私自身も以下のようなテーマで授業記録を追った経験があ

ります。

「発問に対する子どもの反応はどうか」（発問研究）

「子どもの意見にどう切り返していたか」（子どもへの対応）

「教師の言葉を削る」（教師の発する言葉）

その時々の自分の課題に焦点を当てて意図的に取り組むことで、経験がより整理されていきます。

本書は、授業記録をテキストベースのものから、映像、音声、画像、他者からのリフレクションなどと幅広く捉え、どのように教師の力量向上につなげていくかについてご提案したものです。

豊川教育サークル01（ゼロ・ウーノ）のメンバーが、それぞれに経験してきたことから筆を進めました。

研究通信や学級通信として残してきた記録や最新のICTを活用した授業記録、単元内自由進度学習や探究の授業における子どもの見取り方（記録の方法）など、できるだけ現代的に、かつ幅広く集録しました。

しかし、若いメンバーも多く、まだまだ未熟な実践も多々あります。

読者の方からいただいたご意見を、さらに私たちの成長につなげていきたいと思っております。

本書が、授業記録を通した授業改善の一助となれば幸いです。

豊川教育サークル01（ゼロ・ウーノ）

川合賢典

目次

はじめに ……2

本書の構成 ……6

第1章 他者との関わりの中で教師力を伸ばす - 自分をメタ認知する場を作る -

1 ～大阪市立大空小学校での学び～

木村泰子校長先生との出会い ……8

2 人と出会い、行動することで道は開ける ……14

3 同僚性を高める同一教材研究授業 ……18

第2章 授業記録の現代的意義とその活用

1 授業記録の現代的意義とその活用 ……24

第3章 授業をより良くするために、授業の再現力を鍛える

1 授業力を高める「発問メモ」 ……32

2 単元の全時間をテープ起こしして、

有意義な研究授業をつくる ……36

③ 次世代教師の必須ツール
　　Padletで実現する授業記録　……41
④ Win-Winな学級通信のススメ　……48
⑤ 授業記録と教材研究記録をつけ続けた
　　「奮戦記」は一生の財産である　……53
⑥ クラウド活用で加速する授業改善　……59

第4章 研究テーマの明確化が
授業分析力を上げる

① 立ち会い授業で授業分析！
　　〜実践的指導力向上のポイント3〜　……66
② 単元内自由進度学習における子どもの見取り方　……73
③ 「探究」の授業におけるポイント　……82
④ AIで進化する教育
　　ChatGPTを活用した授業分析　……90
⑤ OPPAを授業に活用した指導改善　……98
⑥ 初任者指導で授業記録を活用して
　　教師力を伸ばす　……103

あとがき　……109

本書の構成

　本書は、全4章構成になっています。

　第1章では、他者との関わりの中で、どのように教師力を伸ばすかということについて論じています。教師人生の出会いの中で、教師としてどう自分をメタ認知する場を作り、どう成長したかについてのエピソードを集録しています。

　第2章では、授業記録の現代的意義について考察しています。その上で、どのように活用していくべきかについて具体的な例を示し、論じています。

　第3章では、授業の再現力を鍛えることをテーマに論じました。授業を再現するための準備からICTを活用した再現法まで幅広く集録しています。

　第4章では、明確な研究テーマをもち、授業分析力を上げようと試みた実践について論じています。単元内自由進度学習や探究学習における子どもの見取り方など、現代的な課題にも挑戦しました。

　どの項目も執筆者の経験を元に書きました。授業改善をするために、意図的に経験を積み、整理したものです。
　すべての原稿が4～9ページの読み切りで構成されていますので、興味のあるテーマから読んでいただくことができます。
　また、実物資料としてお分けできるものに関しては、QRコードをつけていますので、ご活用いただければ幸いです。

第1章

他者との関わりの中で教師力を伸ばす

―自分をメタ認知する場を作る―

第1章 ― 1

～大阪市立大空小学校での学び～
木村泰子校長先生との出会い

酒井雄基

1．大空との出会い

　私は、大空小学校（以下、大空）で5年間学生ボランティアとして関わり、その後引き続き教職員として6年間勤務しました。

　その中で、学生ボランティアとして子どもと関わった初めての日は、今でも忘れません。

（1）初めて子どもと関わる

　福祉や特別支援教育に興味があり、特別支援学校の教員を目指し大学に入学しました。

　しかし、入学した大学は小学校教員養成課程でした。

　4月、新編入生オリエンテーション合宿が1泊2日で行われました。

　バスの車内でたまたま隣の席に座った編入生の先輩が学生ボランティアとして大空の子どもたちと関わっていました。

　話の中で、特別支援教育に興味があるという話をすると、「支援に興味があるなら、大空には支援の必要な子がたくさんいるから、ボランティアに来たら？」と誘われました。

　大空では、「すべての子どもの学習権を保障する」という理念のもと、開校以来、障害のある子もない子も同じ教室で

授業を受けています。

次の週、早速大空へ行き子どもたちと遊んだり、学習をしたりして、とても楽しく充実した時間を過ごしました。

「子どもと関わるって楽しい」、「教師っていいな」とその時初めて感じたことを今でも覚えています。

（2）次の日も、楽しみに大空へ

朝一番、特別支援コーディネーターの先生から声をかけられました。

特コ：昨日、児童Aと一緒に帰った？

酒井：校門のところでたまたま会って、駅の方向を聞いたら「分かるから一緒に行ったげる」と言うので、途中まで案内してもらいました。

特コ：昨日、酒井さんと別れた後児童Aが家に帰らんと、遅くまでずっと公園で遊んでたんやって。それでママにめちゃくちゃ怒られたみたい。酒井さんが一緒に帰らんかったら、そこまでのことには、なってなかったかもしれん。

急いで児童Aのところに行くと、きつく叱られ落ち込む様子の児童Aがいました。

児童Aは、壮絶な家庭環境で育ち、友達とのトラブルも絶えない小学校2年生でした。

（3）学生気分から子どもに関わる責任のある大人へ

私は、自分が行った軽率な行動を後悔しました。

あの時駅までの道のりを聞かなかったら、一緒に駅の方面まで歩いてなかったら、校門で会っても「さようなら」で済まして帰宅を促していたら……。

大学生でも子どもから見ると一人の大人です。

子どもに関わる大人が軽率な行動を取ることで、子どもが傷つき、苦しみを味わうことがあります。

一人の大人として子どもに関わっていく責任の重さを児童Aから学びました。

その後、児童Aは、地域の支えや大空の教職員に見守られ立派に卒業していきました。

現在、学校の先生になるために大学で勉強をがんばっています。

２．心に残り続けているもの

勤務先の子どもたちは、校訓を知っていますか。

校訓を正しく言えますか。

大空の１〜６年生は全員正しく言えます。

育てる「四つの力」

人を大切にする力

自分の考えをもつ力

自分を表現する力

チャレンジする力

校訓にあたる「四つの力」

校則は、一切ありません。

あるのは「たった一つのやくそく」だけです。

大空の「たった一つのやくそく」

自分がされていやなことは
人にしない　いわない

**（１）失敗（「大空のたった一つのやくそく」を破ること）
　したらやり直す**

　子どもが友達を叩く、蹴る、暴言を吐く、けんかをするなど、学校ではトラブルが起こることもあります。

　その時、当事者同士で「ごめんね」と言うことを促し、お互いに「いいよ」と言い合って、終わってはいないでしょうか。

　大空では、「たった一つのやくそく」を破ってしまった時、「四つの力」のうち何の力が足りなかったか考えます。

　まさに、今の子どもたちに必要な「メタ認知能力」です。

　考えを聞くのは、校長室で校長先生です。

　決して、怒られるために校長室へ行くのではありません。

　「やり直し」をするために校長室へ行き、自己を振り返り、次のステップに進むのです。

（２）大人もやり直す

　教員として勤務していたある年、私は支援担当の先生と意見が食い違い、ぶつかってしまったことがありました。

　私の担当のクラスで、その先生がＴ１として授業を行い、私はＴ２としてクラス全体の支援に入っていました。

　授業が進む中、どうしても支援の必要な児童Ｂが落ち着き

ませんでした。そこで、その児童Bの好きなことで興味を惹きつけて学習に取り組むことを思いつきました。

　いつもなら児童Bは退屈になると離席したり、教室を飛び出したりしますが、支援が功を奏したのか、その時間はみんなと同じ教室で学習に取り組むことができました。

　授業後、T1の先生から呼び出されました。

T1：なぜ児童Bに授業以外のことをさせたんですか？

酒井：児童Bは落ち着かず、授業に集中できるような状況ではなかったんです。なので、児童Bの気分を変えようと、様々な方法を試していました。

T1：私の授業はどうでもいいって言うんですか。

酒井：いえ、そんなことは思っていません。今児童Bに必要な支援は、授業に集中させる声かけではないと判断したんです。

　木村泰子校長先生から「職員室で徹底的に話をしなさい」と言われました。

　しかし、いくら話をしてもお互いに主張を譲ることができませんでした。

　こちらも語気を強めて言い返してしまう場面もあり、今思うと生意気な若手教員でした。

　その後、木村泰子校長先生に改めて事情を説明し、話し合った内容もすべて報告しました。

校長：ゆうき（酒井）、何の力が足りなかったと思う？

酒井：……。自分を表現する力です。

校長：どうして？

> 酒井：児童Bの授業中の対応の仕方を、事前に伝えてい
> 　　　ませんでした。事前に伝えていたら、T1先生も
> 　　　納得されていたと思います。
> 校長：ゆうき（酒井）、こうやって子どももやり直すん
> 　　　やで。

　冷静に自分の行動を振り返った時の言葉は、今でも鮮明に覚えており、まさに生きた学びでした。

　身をもって「やり直す」ことの意義を学び、今もずっと心に残り続けています。

　その後、リーダー研（若手教職員集団の学びの場）で対話したり、全教職員で共有したりして、学校全体として教育理念を確認する機会になりました。

　最後に、その先生とは大空創立記念コンサートの全校合唱でサプライズ指揮者（酒井）と伴奏者として一緒に共演し、握手でコンサートを締めくくったことは一生忘れません。

3．大空はつながっている

　大空で学んだことは、私の原点です。

　現在も学年開きでは、子どもたちに「たった一つだけ約束を守ろう」「四つの力を高めよう」と必ず話をします。

　そして失敗しても「やり直そう」と伝えています。

　失敗した先には、必ず学びがあります。

　それは、大人も一緒です。

　これからも子どもも大人も対等に学び合い、目の前の子どもたちにとって何がベストかを試行錯誤していきます。

第1章 — 2

人と出会い、
行動することで道は開ける

小胎未輝仁

1．教師修業の始まり

　教師として勤めた最初の学校に川合先生がいました。当時、私は学級担任ではなく様々な学級へ授業で入っていました。たくさんの先生と一緒に授業をしていましたが、明らかに川合先生は、授業の腕を磨き、言葉を研いでいることが一目瞭然でした。

　一緒に授業をしていると突然教材を手渡され、「30分後に残りの時間でこれ授業してね」と無茶振りされることがありました。

　10分ほど授業をすると「代案です」と介入授業になることもありました。

　不思議と嫌な気持ちはありませんでした。代案も、後からいただくアドバイスも自分には想像もできなかったものですし、どれも納得できるものでした。

　その後、川合先生の主催するサークルへ通い始めることで、私の本格的な教師修業は始まりました。

　サークルでは、5分の模擬授業が基本です。この5分が永遠にも感じられるような時もありました。

　「褒め言葉は、もっと力強く」

「視線が安定していません」

「発問の言葉が２回目、３回目で変わってブレていました」

「焦って体がふらふらと動き始めました」

痛いところを突かれるフィードバックをもらいます。回数を重ね、経験年数も重ねて「ちょっとはできるようになったな」なんて思っている頃にポキッと折ってもらえるのです。

素晴らしい先生は身近にたくさんいますが、共に教師修業を進めていこうとする方との出会いは、針の先くらいの確率です。

クランボルツ教授は、「偶発的計画性理論」を提唱しました。人生のターニングポイントの８割は、本人が予期しない偶然のできごとによるものだというものです。しかし、その偶然の確率は意図的に、計画的に行うと高まるそうです。

コロナ禍もあり、SNSを積極的に活用していました。また、オンラインが急速に発達し、セミナーを受講したり、サークルを結成したりしました。

行動したことで、自分でも思いもよらぬことが次々と起こりました。

２. 人との出会い

コロナ禍の頃、オンラインセミナーが充実していました。とあるセミナーで、心揺さぶられる模擬授業をしていたのが渡辺道治先生でした。

オンラインでの出会いから数年、渡辺先生からお声がけをいただき、一緒に働くことになりました。自分が活躍するフィールドまで変わるとは思いもしませんでした。それくらい、人との出会いは大切だと学びました。

> 情報は人が持っています。
> エネルギーも人が持っています。
> 人との出会いで人生が変わります。

　公立を退職しようとは思っていませんでした。それが目的で交流を始めたわけではありません。まさに「偶発的計画性理論」です。

　こういった経験を踏まえ、人と出会い、行動することの大切さを身に染みて感じています。

　同僚として、授業を見ていただいたり、百玉そろばんやフラッシュカードの使い方をレクチャーしていただいたり、講義は夜まで続くこともありました。

　職場だけでなく、居酒屋でも、先生のご自宅でもたくさんのお話を聞かせていただきました。渡辺先生が常に本を読み、人と会い、何よりも授業を磨いている姿を間近で見ていました。自分もますます頑張らなければ置いていかれる一方であると痛感しました。

　授業の冒頭15分ほどを見ていただいたことがありました。授業後、

　「1つだけ。声のトーンを少し高くするだけで教室全体に響くし、子どもたちにもよく伝わると思います」

といったアドバイスをいただきました。

　渡辺先生の教室を参観した時に、授業が始まる直前ぎりぎりまでしていたのは、光量とテレビのボリュームの微調整だったことを思い出しました。

　細部まで突き詰め、研ぎ続けた先には、コンテンツや発問は当然のものとして、環境調整の微調整でありこれこそプロ

の仕事であると感じました。

　プロの仕事に触れることが、自分を成長させる非常に大きなエネルギーとなりました。

３．オンラインサークル結成

　さらに、積極的に自分から行動することにしました。現在はオンライン教育サークル「まほろば」の共同代表を務めています。

　メンバーはそれぞれ、愛知県、奈良県、神奈川県、兵庫県、栃木県で勤務しています。まだ一度も全員がリアルの場で集まることはできていませんが、２週間に一度のオンライン例会を２年半以上続けています。

　少人数で、同じメンバーだからこそ、内容の濃い例会になります。単元の構成や学級経営で困ったことがあるといつでも相談して、様々な案が次々と出てきます。全国に仲間がいるということが心の支えになっています。

　このように、全国の仲間とつながろうとすれば、その思いさえあれば実現可能な時代です。

第1章 —3

同僚性を高める
同一教材研究授業

川合賢典

1．同一教材で研究授業

　ある年同じ学校に、素敵な授業をされる先生（以下、A先生）がいました。どうして、そのような授業ができるのか知りたいと思い、「教えてください」とお願いをしに行きました。今までしてきた教師修業の話をたくさんしてくれました。その話の中で「授業をして語ろう」ということになりました。すると、近くにいた先生も「見に行きたい」「やってみたい」ということになり、数名の自主的な研究授業のチームが出来上がりました。

　研究授業をするにあたり、いくつかのルールを作りました。

（1）同じ教材で授業をする
（2）授業後に協議会をもち、課題を話し合う
（3）次の先生は、話し合った課題を元に授業をする

　後は、（2）と（3）を繰り返していきます。

　全員が参加しやすいように「特別の教科　道徳」で行うことにしました。それぞれが教材研究をして、授業に臨みました。

2．授業記録に入れられたコメント

　授業をした際に、A先生は授業記録を取ってくれました。そこに、授業の代案やアドバイスを参観メモとして書き込んだものをくれました（A先生の許可を得て、一部、抜粋して掲載します）。

＜グループ活動の場面＞

授業記録	参観メモ
C1：やる気があって、今日も大丈夫と思っていた。 C2：友達が欲しくて選んだと思うよ。この子は多分、<u>友達がいなくて、友達を作りたくて書いた</u>。 T：ニュースを見て全員が怒ったのだっけ？　本当に全員？	こういう時こそ、資料に立ち返らせるといいよね。「文章を見てごらん。喜んでいた子もいたよね。どうして喜んでくれたのかな」と切り返すこともできたかな。

　子どもが捉え違えている場面です。教師としては、本筋に戻したかったので、子どもと問答をすることにしました。しかし、この場面はアドバイス通り、資料に立ち返ればすぐに確認できることでした。

＜授業の終末の場面＞

授業記録	参観メモ
C1：間違えてもしっかり書いてくれたから。 T：　間違えてもしっかりと書いてくれたから良かったってこと？ C2：やらないんじゃなくて、しっかりと係の仕事をやっていたからです。 T：　しっかりとはずっとやっていたよね。…しっかりとやっていたことについて私は「嬉しかったよ」って言ったの？ C2：しっかりとやっていて、自分のことをしっかりと書いてあったから嬉しかったんだと思います。	「しっかりと」の捉え方が、子どもたちと教師にズレがあったのではないでしょうか。 「しっかりとやる」子どもたちの知っている係活動では忘れずにやっていれば「しっかりとやっている」ことになる。「ニュース係」という立場で考えると、「しっかりとやる」は忘れずにするというだけではなく、正確に知らせるというのが「しっかりと」になる。初発の感想の中で、登場人物の意見を比べながら、「しっかりとやる」ということの意味を押さえておくとよかったかな。

　本授業において、一番大切にしたい価値観に対して、子どもと教師の捉え方がすれ違っていました。子どもは子どもの思いを話し、教師は教師の思いを話してしまっています。特に、低学年の子どもは言葉足らずになって、言葉の奥にある本音の部分を表現し切れないことがあります。授業をしていると、どうしても気づきにくい点ではあります。だからこそ、

こうして他者に客観的に見てもらい、指摘してもらうことで、自分では気づかない部分に気づくことができるようになります。

3．深い教材研究に裏打ちされた授業

　A先生は協議会で、ご自身の資料分析を配付してくれました。題材について、以下のような図に書き込みながら、教材研究をしていることを教えてくれました。

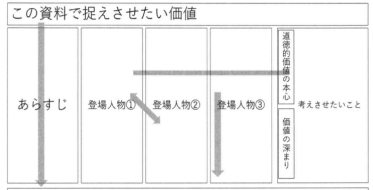

　ねらいとゴールを明確にし、その過程を書き込んでいく中で、筋の通った授業になります。また、登場人物についても関係を図に書き込むことで、授業で何を話し合わせるのか、どこで立ち止まったら良いのかが明確になります。

　A先生の素敵な授業の裏側には、このような教材研究があったのです。奥深い教材研究をすることで、子どもがどのような意見を出しても対応できるし、子どもが活発に活動す

る授業をすることができるのです。

４．同一教材研究授業　５つの成果

　同一教材で研究授業を行った本取り組みで得られたことは５つあります。

　１つめは、反省が積み重ねられる点です。協議会で出された反省を生かして、次の授業をすることで授業がどんどんブラッシュアップされていきました。

　２つめは、実態に合わせた方法が検討される点です。次に授業するクラスは違うので、子どもの実態に合わせて授業しなければなりません。そこには、各自の個性や工夫が出されます。自分と違う手法を知ることは、財産として全員で共有することにつながりました。

　３つめは、主体的な取り組みである点です。興味がある人が集まって行う研究授業なので「やらされ感」がありません。全員が「よい授業にしたい」と取り組むので、出される意見も建設的でした。

　４つめは、授業や教材研究の方法を継承できる点です。A先生は、授業記録と共に、教材を分析した資料をくれました。前述の参観メモの背景になるものです。A先生がどのように教材研究をしていたかを知ることは、自分が違う授業を構想するときにも役立ちました。

　５つめは、同僚性が高まったという点です。普段は日常業務をこなすことで精いっぱいです。しかし、クラスを超え、学年を超え、授業について語る機会ができたことで、自然と職員室での会話の中に、授業の話題が増えるようになりました。

第2章

授業記録の現代的意義と
その活用

第2章 — 1

授業記録の現代的意義と
その活用

川合賢典

　私たちは日々、目の前の子どもに授業をしています。その数、年間約1000時間です。それらの授業の良し悪しをどのように評価していますか。どのように検証していますか。

　子どもの表情でしょうか。子どもの書いた振り返りからでしょうか。どちらも大切です。しかし、楽しそうに前のめりになって授業を受けていた子が「つまらなかった」と振り返りに書くことがあります。逆に、授業中にあまり反応がなく、退屈そうにしていた子が「できるようになって楽しかった」と振り返りに書くこともあります。

　そこで、授業分析の1つの客観的な指標となるのが授業記録です。本書では、授業記録をどのように授業改善に活用していくかについてご提案するものです。以下の3つに分けて、論を進めます。

　1．授業をどのように記録するのか。
　2．授業記録をどのように分析するのか。
　3．分析した記録をどう授業改善に生かすのか。

1．授業を記録する

　一般的に授業記録とは、次ページの表のように教師の言葉

と子どもの発言が時系列に書かれているものを指します。

教師の言葉	子どもの発言
この中に主語の無いものがあります。どれですか。	
	「トマトを食べる」だと思います。
主語のある文にするにはどうしたらいいですか。隣同士相談してごらんなさい。	
	（相談する） 「私は」が入ると思います。
（以下略）	小２国語「主語と述語」授業記録

　Ｔ（教師）やＣ（子ども）という記号を使って書き分ける場合もあります。

　本書で使用する授業記録という言葉は「教師と子どもが関わる場面が記録されたもの」すべてを対象とします。一般的な文字列による授業記録をはじめ、映像や音声、画像といったものも含みます。授業改善につながる、あらゆる場面を記録したものを授業記録と捉えます。

２．授業記録から授業を分析する

（１）授業を再現する

　優れた実践家の話を聞くと、その場の映像が浮かんできます。まるでそこに子どもがいるように、再現されるのです。しかし、自分の授業を放課後に振り返ってみようと教師用の机に腰掛けて子どもの座席を見渡しますが、何も思い出せま

せん。学級通信にまとめようと、パソコンの前に座りますが、何も書けません。何も思い出せないことに愕然としました。

　そんな時に、『教師修業十年　プロ教師への道』という本に出会いました（2024年現在、『向山の教師修業十年』向山洋一著　学芸みらい教育新書として刊行されています）。

> 　＜社会科の時に15名ぐらい発言したが…＞と思っても、14名なのか15名なのか16名なのか、はっきりしなかった。（中略　川合）子どもたちの発表をぼんやりとしか思い出せなければ、その日の授業の反省もあいまいなものにならざるをえなかった。

　その日の出来事を再現していく「放課後の孤独な作業」と名付けられた取り組みを私も始めました。その取り組みの中で、2つのことに気づきました。

> 自分が意図的に見たものしか再現できないこと
> 再現できなければ、分析も授業改善もできないこと

　放課後の孤独な作業を続けていくうちに、子どもの発言が少しずつ思い出せるようになってきました。しばらくすると、「あの子の発言の意図はこうじゃなかった」と自分の思い込みに気づけるようになりました。子どもの言っていることの背景が少しずつ見えるようになってきたのです。自然と自分の授業の反省ができるようになってきました。

（2）自分の指導をメタ認知する

　授業記録を分析することによって、どのような良いことがあるのでしょうか。それは、

第2章 ｜ 授業記録の現代的意義とその活用

> ## 自分の指導を客観的に振り返ることができる

ということです。つまり、自分の指導をメタ認知するために
授業記録を分析するのです。

　実際の授業（指導）場面では、どうしても主観的になって
しまいます。かつ、教室で起こるすべてのものを見ることは
不可能です。そこで、授業記録を読み返したり、授業音声を
聴き返したり、授業映像を見返したりして、自分の指導を振
り返るのです。

①自分で授業を振り返る

　一番簡単にできる方法が「自分で授業を振り返る」という
ものです。授業を映像に撮ったり、音声を録音したりして振
り返る方法です。近年では、個人情報の観点から授業を映像
に残すことが難しい場合もありますので、記録したい場合に
は学校の実態に合わせたり、管理職に相談したりしてから行
うことをおすすめします。

　さて、自分の授業映像を見ると、最初は強烈な違和感に襲
われます。授業音声を聞くと、すぐに止めたくなります。

　「自分はこんな変な動きをしていたんだ」

　「自分の声ってこんな風に聞こえていたんだ」

　そこをぐっと我慢して振り返ります。しばらく続けると、

　「先生がしゃべり過ぎているな」

　「この発問をしたら、子どもの動きが止まってしまった」

など、授業の改善点に気づけるようになります。上記の気づ
きからは、

　「教師の言葉を削る」

　「子どもが動く発問・指示の研究」

27

などの改善点を見出すことができます。

　学校現場は忙しいので、「算数の授業だけ」とか「授業開始の５分だけ」と限定すると続けやすくなります。尊敬する校長先生からは、「自分の授業音声を何本聞いたかで授業の上手さが決まる」と教わりました。

②他者に授業を直接見てもらう

　研究授業に代表されるような誰かに見てもらう授業のことです。実際の授業場面を見てもらいながら、多くの視点から気づきを得られるのが、他者に見てもらう一番のメリットです。しかしながら、大きな研究授業というのは年に何回も開催できません。学年で見合ったり、数人で行ったりする小さな研究授業なら気軽に開催することができます。研究授業の条件として、向山洋一氏は『授業力上達の法則１　黒帯六条件』（学芸みらい教育新書）の中で、次のように述べています。

　Ａ　学習指導案の印刷・配付
　Ｂ　授業後の検討会（短くてもいい）
　Ｃ　授業者の分析・自評の印刷・配付

---

③他者に模擬授業を見てもらう

　前述した研究授業は子ども相手の授業です。忙しい現場では、なかなか時間も取れませんし、何より子ども相手の授業で失敗するわけにもいきません。

　そこで、模擬授業を見てもらうという方法があります。研究授業に比べると、格段に気軽に実施することができます。「模擬」とはいえ、始めの頃は緊張します。前に立った瞬間、頭が真っ白になります。用意していた発問も思い出せず、も

のの１分で授業が終わってしまうこともあります。

　また、他者に模擬授業を見てもらうことで、自分の癖を指摘してもらえます。

　「話し始める前に、『えー』と言っています」

　「目線が左側に偏っていて、右側を見ていません」

　上記の指摘は、私自身が以前、指摘された癖です。こういった指摘は普通、研究授業ではもらえません。模擬授業だからこそ見える授業改善のポイントがあります。

④先人たちの優れた授業記録から学ぶ

　これまでに多くの先人が、優れた授業記録を残してくれています。文字列の授業記録から、音声や映像で残されているものもあります。それらの授業記録を分析して、学ぶことができます。いくつもの授業記録を分析すると、

> 良い授業には共通点がある

ことに気づきます。授業記録から発問の言い回しであったり、子どもへの対応であったり、様々な要素が学べます。音声や映像からは、教師の所作や授業のリズム感、言葉の抑揚なども読み取ることができます。

３．分析した記録を授業改善に生かすために

　授業を再現し、メタ認知をしていく取り組みの中で、授業を分析する視点が必要になります。学校の研究テーマをより深めるための視点もありますし、自分の授業改善のための視点もあります。

　いずれにせよ、どのように授業を分析するのかという視点が必要です。分析する視点と照らし合わせることで、学びの

質は、より高いものとなります。様々な形のものがありますが、本稿では３つ紹介します。

> ① 自治体の教育委員会が作成したもの
> ② 学校単位で作成したもの
> ③ 教育団体が作成したもの

①は、資料として形になっている場合がほとんどですので、多くの先生が日頃から手元に置かれて授業改善に使っているのではないでしょうか。「○○スタンダード」や「○○授業のチェックリスト」のような形にまとまっているものもあります。

②は、①を受けて各学校で作られるものとなります。目の前の子どもたちの実態に沿った形の視点となるのが良いところです。QRコード先で紹介するのは、私が勤務校で作成した指標です。ご批正いただければ幸いです。

③は、各教育団体が作成している指標となります。それぞれの教育団体が大切にしているものが反映されます。ご自身に合うものを見つけていくことが大切です。

第3章

授業をより良く
するために、
授業の再現力を鍛える

第3章 ― 1

授業力を高める「発問メモ」

小林史明

1. 発問メモが授業記録に変身

　授業力を高めるためには、授業記録を取ることが大切です。授業記録というと、文字起こしをしたり、板書計画を細かく書いたりするのが一般的です。もちろん、毎日できれば良いですが、続けていくことはなかなか難しいのが現状です。そこで、今回提案するのは、

> 発問メモを作り、記録する

ことです。日々の授業を作っていく際に書く発問メモを授業記録に活用します。書いた発問メモに子どもの反応や教師の反省を書き込むことで、自分だけの授業記録が完成します。こうして発問を蓄積していくことは、自分だけの授業記録となり、自分自身の財産になります。ここでは、国語科の発問作りを例に、その方法を紹介します。

2. 発問を書き出す

　発問を考えるには、先行研究から発問を選択する方法や生成AIに発問のたたき台を作らせる方法、自分で考える方法など、様々な方法があります。先行研究から発問を選択する

際には、書籍やインターネットなど様々なものから情報を集めます。とにかくたくさんの情報を集めることが大切です。そうすることで、選択肢が増え、柔軟性が生まれます。

　発問を考える際には、発問とそれに対する答えを書いていきます。良い発問を考えようと質を求めることは大切です。しかし、いきなり質を求めるのは難しいです。そこで、まずは量を意識して行います。思いつくだけ書き込んで記録していきます。その作業をしていく中で、予想外の発想が生まれることもあります。

　また、向山洋一氏は、次の方法が良いと言います。

教科書を開いて、見開き２ページで 100 問を作る。
できるだけ異なるタイプを作る。

　いきなり 100 問を作ることは難しいかもしれません。そこで、学期に１つの単元だけ行ってみるなどハードルを下げてみると取り組みやすくなります。こういった修業を通して、発問を考えていく力が養われます。一見、回り道のように思いますが、教師の成長には欠かせないことです。

3．組み立てを考える

　次に、授業で取り上げる発問を選択します。本時の学習で子どもたちにつけたい力や子どもの実態などを考慮して選択します。そして、選択した発問をどのような順序で提示するかという組み立てを考えていきます。そのような工程を経て、完成した組み立てを発問メモとして記録します。

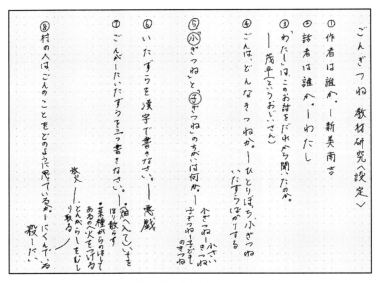

「ごんぎつね」の発問メモ

4．授業を行う

　実際の授業を通して、子どもたちの事実から発問の有効性を検討することが大切です。同じ発問であっても、子どもの実態によって、反応が変わるからです。当たり前のことのように思えますが、とても大切なことです。

5．授業後の反省を行う

　授業を終えたら、反省を行います。この過程を経て、発問メモを、より良いものへとアップデートしていきます。
　発問は、一文字でも変わると意味が大きく変わってしまうことがあります。そこで代案も含め、どうしたら良いのかを発問メモに書き加えます。この作業を通して、作った発問メ

モを授業記録として残します。数年後、同じ学年をもち、同じ教材を授業する際は、この記録を読み返して実践できます。もちろん、同じ単元であっても発問を書き出すことから始め、違った展開を考えていくこともあります。どのような展開であっても、授業力を高めていくために、自分自身で生み出していた発問を記録していく姿勢をもつことが大切です。

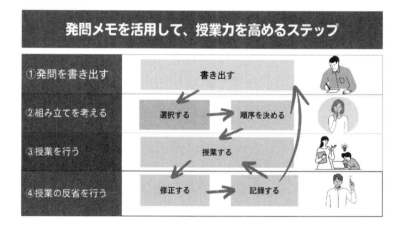

参考文献
『教え方のプロ・向山洋一全集　47巻　発問一つで始まる「指名なし討論」』
向山洋一、明治図書、2003年

第3章 ― 2

単元の全時間を
テープ起こしして、
有意義な研究授業をつくる

川合賢典

1．研究授業をより有意義なものにするために

　研究授業をより有意義なものにするために大切なことは、

> 指導の過程を明らかにする

ことです。これまでどのような学習の積み重ねがあったのか、協議してまとめたことをその後の授業にどう生かしたかを明らかにすることで、授業者はもちろん、参観者も巻き込んだ学びとすることができます。

　指導の過程を示すものは、授業記録です。単元の全時間の授業をテープ起こしして、参観者に配付するのです。その際に、大切なことは、

> 研究テーマを明確にもつ

ということです。ただテープ起こしをして配るのではなく、研究テーマを明確にすることで自分自身にとっても参観者にとっても学びのあるものになります。

２．発問の微かな違いが授業を変える

　初めて全時間テープ起こしに挑んだのが、５年生国語「大造じいさんとガン」でした。この時のテーマは、

> 子どもが活発に討論する発問はどのようなものか

でした。

　まず初めにしたことは、「大造じいさんとガン」と名の付く書籍は買えるだけ購入したことです。インターネットに載っているものや図書館も探し、関連する情報を集めました。そして、授業の組み立てや発問・指示のみを書き出していきました。たくさんの先行実践に目を通す中で、目の前の子どもにやってみたい授業を構想していきました。

　研究授業では、指導案に加え、全時間のテープ起こし、子どもの書いたノートのコピーを冊子にしたものを配付しました。Ａ４で50枚を超えました。

　この研究授業を通して、私自身が得た一番の学びは、

> 発問の微かな違いで授業が変わる

ということです。「クライマックスはどこですか」より「クライマックスの一文はどこですか」のほうが具体的です。さらに、「大造じいさんの気持ちがガラリと変わった一文はどこですか」のほうがイメージしやすいものとなります。この経験は、それ以降の私の授業を大きく変えました。

3．学習指導要領と教科書を比較・分析する

　二度目に取り組んだのは、3年生理科「ゴムと風の力のはたらき」でした。この時のテーマは、

> どのような指導のステップを踏めば、学力がつくか

でした。
　そこで、実態調査をすることにしました。子どもの実態を分析することで、何を理解して、何を理解していないのかが明確になりました。また、単元の前後で同じテストを行い、解答がどう変化するかを調べることにしました。
　次にしたことは、過去の指導要領に当たるということです。歴史的な流れを理解することで、本単元がどのような意図で配置されているかを理解することができました。
　次に、各教科書会社の比較をしました。手に入った6社の教科書の指導過程を表にまとめました。こうすることで、学力をつけるためにどのように子どもにアプローチしていったら良いかのイメージができました。
　上記のように構想した指導案は、テープ起こしと研究通信を含めるとA4で70枚を超えるものとなりました。
　授業は、自由試行による実験と子どもが描いたモデル図で大変活発なものとなりました。単元テストも、正答率が92.6％（実施前と比べて＋33.9％）となりました。しかし、無答率が2.3％あったことは大きな反省点でした。このような反省を分析することが授業改善につながります。

4．手立ての有効性を検証する

　三度目に取り組んだのは、2年生国語「主語と述語」でした。この時のテーマは、

> 指導法の違いによる学力差は生まれるのだろうか

でした。
　まずは、基礎研究として先行実践の洗い出しと指導要領や教科書の比較・分析を行いました。QRコード先に、この時まとめた全体構造図を示します。該当単元だけでなく、小学校で教える言語事項の全体を見える化することは、これ以降に別の学年を担任した時にも役立ちました。
　基礎研究を踏まえて、本実践で私が取った手立ては、以下の5つでした。

①授業の導入で主語・述語のフラッシュカードを行う
②15分の帯学習という指導形態を導入する
③習った技能を習熟させるための発展学習を行う
④参加型板書で情報の出力を増やす
⑤学習ゲームを取り入れ、学習に楽しさを演出する

　研究授業の協議会において、「授業記録にあった子どものつぶやきを取り上げるともっと良かった」という助言をもらいました。指導の過程を配付し、他の教員も同じ視点で考えたからこそ、授業の改善ポイントが見えてきました。
　また、事後調査では実施群の正答率は99.0％、非実施群は83.3％となり、手立ての有効性を検証できました。

5．単元全時間のテープ起こしで磨かれる教師力3選

　単元全時間のテープ起こしをすることで磨かれる教師力は3つあります。

（1）教材研究をする力

　テープ起こしをするに耐える実践をするためには、基礎研究が必要です。基礎研究を通して、教材研究をする力が磨かれていきます。このような経験を一度しておくと、他の教科で教材研究をするときにも生かされます。不思議と、日々の授業を考えるときのスピードも上がります。

（2）教師の言葉を磨く力

　全時間のテープ起こしをするのですから、繰り返し自分の授業を聞くことになります。「えー」「あー」というフィラーや言葉の言い直しなどもすべて書かなければなりません。同僚にすべてを公開するのは、躊躇しましたが、包み隠さず公開することで、無駄な言葉や分かりにくい言葉が少しずつ少なくなっていきました。

（3）子どもの意見に正対する力

　テープ起こしをすると、教師が子どもの意見を思い違えていたことに気づきます。問い返すべき場面を見逃していたことにも気づきます。ここで、前述の（1）が効いてきます。膨大な教材研究により、子どもの意見を幅広く受け入れられるようになります。子どもの発言したことを次の学習課題に生かせるようになります。

　上記の力は、一朝一夕に身につくものではありません。このような地道な取り組みの上に身についていくのです。

第3章 — 3

次世代教師の必須ツール Padletで実現する授業記録

谷中優樹

1. 若手教師必見！ Padlet で授業をパワーアップ

授業内での子どもの振り返りは、学びの定着や学びの文脈化という目的があります。そして、

授業者に対する授業の評価という側面もあります。

現代の教育現場では、ICT の活用がますます重要になっています。特に授業記録において、デジタルツールを使うことで、効率的かつ効果的な方法を提供できます。Padlet とは、デジタル掲示板のようなツールで、テキスト、画像、リンク、動画などを簡単に共有・整理することができます。このツールは、協働的な学びを促進し、教師と子どもたちが一緒に学びの記録を作成するのに適しています。本稿では、Padlet を利用した授業記録の方法とその実践例について詳述します。Padlet のメリットは以下の3点です。

・直感的に操作できるシンプルなデザイン
・無料で始められる
・リアルタイムでの更新が可能！ 授業でも大活躍！

2. Padletを使った授業記録の方法

(1) 授業中の活用

　授業中に起こった出来事や子どもたちの発言、反応をリアルタイムでPadletに記録します。これにより、授業の流れを詳細に見直すことができます。

> **具体的な方法**
> ・**授業メモ**：重要な発言や出来事をPadletに即時追加し、ポイントを逃さず記録します。写真や動画もその場でアップロードすることで、視覚的に記録に残ります。
> ・**子どもたちの参加**：子どもたちに発問への考えを投稿させ、子どもの視点で授業を記録します。

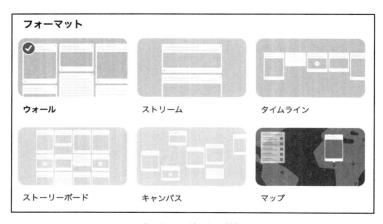

Padletのボードの種類

　Padletには、いくつかのボードがあります。学習活動に応じて適切なボードを作成しましょう。まずは、ウォール（セ

クションあり）がシンプルで、おすすめです。

（2）授業後の活用

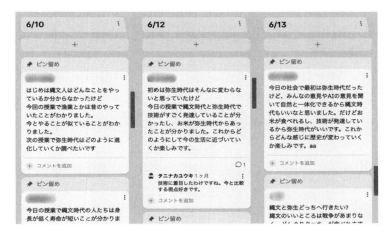

実際のPadletの様子

①次時の導入で共有したい振り返りの視覚化

　授業後、教師が共有したい重要な振り返り投稿のカラーを変更したり、ピン留めをしたりすることで、子どもたちは重要なフィードバックを視覚的に認識しやすくなります。

> **具体的な方法**
> **投稿のカラー変更**：重要な投稿のカラーを変更し、目立たせることで、子どもたちが次回の授業で重要なフィードバックを一目で認識できるようになります。
> **ピン留め**：重要な投稿をピン留めし、常に画面上部に表示されるようにすることで、重要な情報が埋もれません。

② PDF をダウンロードし、ChatGPT に分析してもらう

　Padlet の内容を PDF や CSV としてダウンロードし、ChatGPT に分析を依頼することで、授業記録の分析を効率的に行うことができます。

改善点の提案

1. **投稿の具体性向上：**

   - **現状**：多くの投稿が「書き方の例」として一般的な内容に留まっており、具体的な学習内容や成果が少ない。
   - **提案**：各投稿に具体的な学習内容や発見を盛り込むことで、振り返りの質を向上させる。具体的な事例やエビデンスを含めると効果的です。

2. **コメントの充実化：**

   - **現状**：コメントが少なく、対話が活発ではない。
   - **提案**：参加者同士が積極的にコメントをするよう促す仕組みを導入する。例えば、特定の質問やディスカッションテーマを設けることで、意見交換を活発にすることができます。

3. **フィードバックの即時性：**

   - **現状**：フィードバックの量が少なく、タイミングも不明瞭。
   - **提案**：授業後すぐにフィードバックを行う時間を設けることで、学習内容が新鮮なうちに振り返りを行い、改善点を即座に把握することができます。

ChatGPT による改善点の提案

簡単３ステップ
① Padlet のデータを PDF や CSV でエクスポート
②データを添付して ChatGPT に分析依頼
③分析結果の活用

3．分析結果の活用

（1）授業実践：6年社会「縄文のむらから古墳のくにへ」

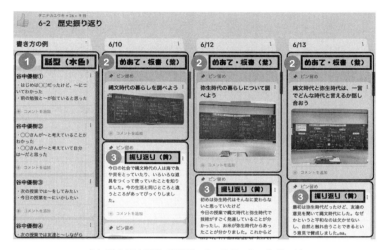

1年間の歴史授業で活用している Padlet のボード

　6年生の社会科の授業では、Padletを活用して学習の流れや内容を整理し、振り返りを行います。Padletは、①話型、②めあて・板書、③振り返りの3つの部分から構成されます。授業開始時に「日付」のセクションを設定し、目標と板書をピン留めします。これにより、子どもたちは授業の目標を意識して学習を進めます。授業の最後には、振り返りを当日の日付セクションに投稿させます。一番左のセクションには振り返りの話型を載せ、具体的な振り返りを促します。

　1年間の歴史学習を1枚のボードで行うことで、子どもたちは時代の流れを視覚的に理解しやすくなります。例えば、

単元「縄文のむらから古墳のくにへ」から「新しい日本、平和な日本」までが1つのボードにまとめられます。教師は子どもたちの思考の変化をリアルタイムで把握し、授業内容を適宜調整できます。

　振り返り投稿を通じて、子どもたちは学びを内省し、次回の授業への意欲を高めます。定期的な振り返りが思考力や表現力を向上させます。Padletの活用により、教師は子どもたちの思考の変化を追跡し、授業の質を向上させるフィードバックを得られます。これにより、授業全体の質が向上します。

（2）校内研究での実践例

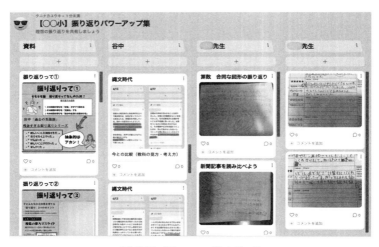

振り返りパワーアップ集のボード

第3章 | 授業をより良くするために、授業の再現力を鍛える

　現勤務校で、子どもたちの主体的な姿を伸ばすための振り返りの見える化を行いました。教員同士の理想とする振り返りを共有するために「振り返りパワーアップ集」を提案しました。これにより、授業改善の話題が職員間で議論され、授業の質を向上させることができました。

　Padlet を使い、資料を左のセクションに投稿し、教員ごとにセクションを作成。各教員が自分の名前のセクションに振り返りを投稿することで、情報共有が迅速かつ効率的になりました。文字入力やノートの写真、授業で使用した Padlet のリンクを共有できます。これにより、各教員が自分に合った方法でリアルタイムに情報を共有できます。教員同士の情報共有が促進され、子どもたちの「やりたい！」「知りたい！」といった主体的な学びを支援する環境が整いました。各教員が自分の方法で投稿できるため、負担が減り、より多くの情報を共有できるようになりました。多様な視点の振り返りが集まることで、教育の質を向上させ、子どもたちの主体的な学びをさらに深めることに挑戦しています。

4．まとめ

　Padlet という ICT ツールを活用することで、授業記録や研究活動が**効率的かつ効果的**に行えるようになります。Padlet に限らず、リアルタイムでの記録や振り返り、教員同士の情報共有を通じて、授業の質や研究の成果を大幅に向上させることができます。次世代の教育現場において、ICT ツールは欠かせないツールとなるでしょう。

第3章 ― 4

Win-Winな学級通信のススメ

小林史明

1．学級通信を通して授業を記録する

　授業記録を残していきたいと考えてはいても、続けることはなかなか大変です。書くには当然、相当の時間や労力がかかるからです。

　それでも、記録を残していく手軽な方法があります。

　それは、

学級通信を通して授業を記録する

ことです。一生懸命に考えた授業を学級通信に掲載することで教師自身の実践記録になり、財産にもなります。さらに、学級通信に自分の名前が載った子どもは当然喜びます。また、普段見えない学校での様子を保護者にも伝えることができ、一石何鳥もの学級通信に生まれ変わります。

2．具体的な授業記録の方法

　では、どのように授業記録を学級通信に残していけば良いのでしょうか。

　ポイントは、授業の内容が分かるように書くことです。そこには、「授業の組み立て」と「子どもの事実」という2つ

第3章 ｜ 授業をより良くするために、授業の再現力を鍛える

の要素が必要です。

　まず、授業の組み立てが分かるようにするために、発問と
その順序が分かるように書きます。また、指示や説明を具体
的に書くと指導の流れが明確になり、より鮮明な授業記録と
なります。

　次に、子どもの事実として、子どもの反応、意見の分布な
どを書きます。また、ノートや活動の写真などの実物資料を
載せたり、数字を使用したりするとより客観的なデータとな
ります。

　次ページ以降に国語科と算数科の授業内容について書いた
学級通信を紹介します。

　資料①は２年生国語科「たけのこ　ぐん」という詩を授業
した際の学級通信です。四角で囲まれている部分が発問です。
発問の前に番号をふることで、順序が分かります。これで、
後で見返した時も、授業の大まかな内容がつかめます。また、
意見の分布を記録するために、それぞれの立場が何人いたの
か数字を使用して記録したり、発問に対する子どもの意見を
書いたりします。これが子どもの事実となります。

　資料②は、算数科で速く課題が終わった子に出している難
問を解かせた際の学級通信です。子どものノートを示すこと
で、子どもの事実として記録することができます。今回取り
上げた子は、図を使って説明したり、順序を表す言葉を使用
したりしています。そのような良さは学級の子どもたちに広
めたいです。そこで、学級通信を通してつけたい・増やした
い力を具体的に示すことで、学級の子たちにも広げて行くこ
とができます。

資料①

たけのこ　ぐん	御津北部小学校　小林史明学級
	学級通信No.7　発行日：4月16日

　　国語の教科書の扉に書かれているぶしかえつこさんが書かれた「たけのこ　ぐん」という詩を使って、音読・試写・暗唱などさまざまな学習活動を行いました。その後、どのように子どもたちが考えるのか私自身が不思議に思ったので、この詩を使って読解指導を以下の発問の手順で行いました。

① 何が見えますか。

すると、子どもから次のような意見が出ました。
　　・たけのこ　　・つち　　・つゆ　　・（朝の）おほしさん
よく考えたことをほめた後、この中の誤答に気づかせる必要があると考え、次の発問をしました。

② （朝の）おほしさんは見えていますか。見えていませんか。

　　見えているが5名、見えていないが18名でした。自信満々に朝のおほしさんと答えていた子が見えていないに挙げていました。わざわざ先生が聞くということは…と子どもが察したのかもしれません。そこで、「見えていない」という解を確定した後、どうしてそう考えたのか理由を考えさせました。なかなか考え付かない子もいましたが、それでも
・朝におほしさまが出ていても見えないから。
・「朝」と書いてあって、おほしさまは夜に出ているから。
など自分の考えを発表する児童がいました。なかなか難しいことですが、よく頑張ったと思います。低学年では、特にこのような理由を発表できる力をつけていきたいと思っています。また、その時に、より本文を根拠にした理由が書けるようになるように育てたいと思っています。それには教師の解を示し、モデリングすることが必要であると私は考えています。そこで、『「朝のおほしさんにもらった<u>のかな</u>」という文の「かな」という言葉から、これはおほしさまがくれたことを想像しているだけだよね。だから本当には見えていないんだよ』と伝えました。今後も、理由をつけて説明する機会をつくり、子どもたちを育てていきたいと思っています。よろしくお願いします。

第3章 | 授業をより良くするために、授業の再現力を鍛える

資料②

ココロに花を

難問（なんもん）

12月6日発行
No.40

算数の授業で、課題が速く終わった子には、発展課題として、算数の難問を出しました。5問ある問題から1問を選び、解くというものです。今回は、解けた子に以下の指示を出しました。

だれが見てもわかるように、解説をかきなさい

これは、問題が解けない子には、解き方が分かるようになるとともに、解けた子にとっても、表現力を高めることにつながります。例を紹介しますね。図や式、言葉を使った表現が見られ、わかりやすいです。ぜひ、参考にしてください。

問題　けしごむ3ことビー玉1こには、おはじき15こつりあいます。
　　　けしごむ2こは、おはじき6こつりあいます。
　　　ビー玉1こには、おはじき何こつりあいますか。

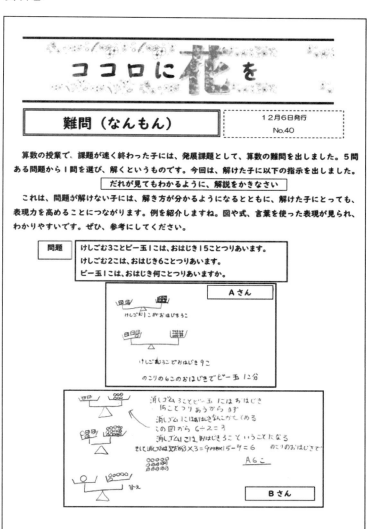

３．授業記録と学級通信を連動させるメリット

　授業記録と学級通信を連動させることで生まれるメリットは以下の３つです。

（１）授業に対する意識が変わる

　授業の準備段階で、授業の組み立てをより良いものにしようとする意識が生まれます。授業準備が充実すると、自信をもって子どもたちの前に立ち、授業ができるようになります。

（２）教師自身の振り返りになる

　授業後には、授業の流れや子どもの反応を書き出すことで、教師自身の振り返りになります。普段の業務の中で、自分自身の指導を振り返る時間はあまりとれません。学級通信を通して、文字に起こしていくことで、自分の実践の振り返りを行うことができます。

（３）家庭と学校の学習指導にズレが生じにくくなる

　ご家庭でも宿題を見てくださる親御様がいます。その際、学校と家庭で指導の仕方が違っていると、子どもは学習しにくくなることがあります。通信に指導法を明確に示しておくと、ご家庭でも同じ指導法で教えてくださることが多くなり、指導のズレが生じにくくなります。

　学級通信を書くことで、実践記録が財産として残っていきます。また、反省をして、より良い授業をつくっていくことで、授業の腕をあげていくことができます。

第3章 — 5

授業記録と教材研究記録を
つけ続けた「奮戦記」は
一生の財産である

小胎未輝仁

1.「奮戦記」とは

　私は、自分自身の教師修業のために、授業記録を取りながら研究を進めてきました。

　記録した内容は

授業記録と教材研究記録

です。この授業記録と教材研究記録をセットにしたものを「授業奮戦記」としてまとめています。

　授業記録と教材研究記録をセットにしてまとめることで、以下の3つのメリットがあります。

　1．メタ認知することで授業力が向上する
　2．記録の蓄積によって、将来の自分に役立つ
　3．詳細な記録によって、他の先生の役に立つ

2．パターン別授業記録

（1）詳細な授業記録

　授業記録は、記憶を呼び覚まして書いていました。録音し

て、文字起こしして、というのが理想ですが私には続きそうにはありませんでした。「継続は力なり」というように無理なく続けられることが一番大切です。

　決めていたことは**発問・指示・説明を明確に区別して書く**ことです。

　逆説的ですが、毎日書き起こすことで、授業中の自分の言葉は発問なのか、指示なのか、説明なのかがクリアにイメージできるようになり、言葉が整理されていきました。

　子どもの素直な反応や「ここで失敗した…」ということも書いておくと次に生かすことができます。

```
  国 語 科 授 業 奮 戦 記
            4月23日61号
```

○サボテンの花　第2時授業記録

発問・指示・説明	反応・思ったこと
・漢字ドリル音読→話す・聞くスキル	・早口言葉※に挑戦する人？と聞いたら、6人ほどがパッと手を挙げた。大いにほめた。
発問サボテンは、最後に花を咲かせました。この花は無駄ですか、無駄ではありませんか	
指示どちらかの立場に立って、ノートに書きます	・「理由も書きますか」と聞いた子を大いに褒めた。これで「理由も書きます」などと直接指導しなくとも書く
指示まずは人数を確認します。どちらかに手を挙げる。	
やり直し。手を挙げる時は、ひじを伸ばします。必ず仲間はいますからね。	・まだまだ初期指導の段階、やり直しさせる
無駄…12名　無駄でない…22名	・「仲間はいる」と伝えることでハードルを下げる
少数派、無駄と考える子から指名しません。立ってどうぞ	
無駄「誰一人として―」と書いてある	・少数派は、3人が言って終わり。もう一度挙手させる。「同じです」はありませんと伝える
見としても花そのもに意味はない	・多数派も10人程度。
無駄でない努力の証	・自信のない子からどうぞ
「たたかいながら生きたい」	・教科書を検索として、理由も込めて発言した子をほめる
ほんのかすかな水でも咲かせた努力	
説明異見を持って、発表したことが素晴らしいのです。答えは出ませんね	・最初の角度で、花へ着目させる
サボテンは、「全身とげだらけ」でした。これは、前回言ってくれたサボテンの強さを象徴、表現してると考えられますね。	そして、この発問での意味を問う
発問サボテンの「花」は何を象徴していますか	・ここで、「無駄」と考えた児童が、「意味あるってことじゃん」とつぶやいていた。それでいいか、いいのか？素直な子だから、それに従って答える。
・施　・努力の証　・助け合い	→つまりどういうことが言いたいのかな？と全体へ投げかけた。取り扱い難しい。つまり、「強さ」だけでないことを言いたいのは分かる
・美　・やさしさ	
・とげだらけなだけじゃない	
発問このお話の主題は何ですか	
説明主題とは、「いのち」の時をやった時に説明しましたね。	・ノートをとることの趣意説明。こうして、必要な場面が起こることに説明する、一つ一つの行動を考えさせる。
指示ノートを見てごらん	・「生きるということは、助け合うこと」「努力すること」などと出た。花の象徴を扱ったことが繋がったと考えられる。
指示まだ発表してない人から発表します	

54

（2）板書中心の簡単な授業記録

　毎日、詳細に書くことができる日ばかりではありません。そんな日でも、写真と自分が思ったことを書いておくだけで記録になります。「詳細な授業記録」と比較しても、かかる時間は半分程度です。とにかく続けることが大切です。

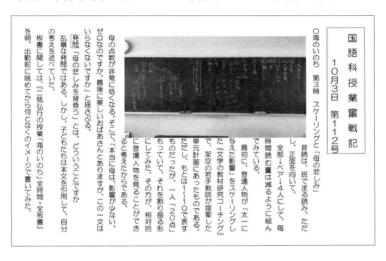

○海のいのち　第3時　スケーリングと「母の悲しみ」

音読は、班で丸読み、ただし、正面を向いて、全部→ペア→4人にして、毎時間読む量は減るように組んでみている。

最初に、登場人物が「太一に与えた影響」をスケーリングした『文学の教材研究コーチング』で、架空の若手教師が提案した単元計画にあったものである。ただし、登場人物を見ることができると考えたからである。

ものだったが、もとは1〜10で表すものであって、それを割り振る形にしてみた。その方が、相対的に登場人物を見ることができると考えたからである。

発問「母の悲しみを背負う」とは、どういうことですか

母の点数が非常に低くなる。そこで、「本当に母は、影響が少ない、ゼロなのですか。最後に美しいおばあさんとありますが、この一文はいらなくないですか」と揺さぶる。

乱暴な発問ではあるが、子どもたちは本文を引用して、自分の考えを述べていた。

板書に関しては、『三瓶弘行の授業「海のいのち」全時間・全板書』を朝、出勤前に眺めてから何となくのイメージで書いてみた。

（3）教材研究記録

　教材研究の記録を残しておくことのメリットは、特に研究授業を検討する場面だと思います。

　私は、複数社の教科書を比較したり、100発問を考えたり、先行実践や先行研究に当たってから授業を構想しています。まず、指導案検討の時にそういった足跡を示すことで、なぜこのような授業を考えたかが他者にも伝わります。

　また、授業記録を併せておくことで、本時までの課題が明確になったり、授業記録をもとに他の先生からアドバイスをもらえたりします。

3. 奮戦記をつけるメリット

　最初は、ただ自分のために書き始めた奮戦記でしたが、思わぬところでも活躍するものになっていきました。

　1つは、未来の自分の役に立つこと。もう1つは、授業の組み立てを他の人に分かち伝えることができることです。

（1）未来の自分に役立つ

　奮戦記を書き始めてから4年経ち、再び5年生の担任をしています。例えば「俳句」の単元は、自分の奮戦記を基に授業を構成しました。

　4年前に指導した時には、子どもたちが熱中し、俳句を作り続け、力がついた実感がありました。記憶だけでは何となくの流れしか思い出せませんが、記録は正確に残っています。記憶だけに頼っていると、「盛り上がったことは覚えているけれど、どうやったっけ…」となり、せっかくのいい実践も流れてしまいます。

　「奮戦記」のおかげで、当時の子どもの作品も残っており、どんな指導をしたのか鮮明に記録されています。このように、過去の自分に助けられています。

　しかし、4年経ちそのまま授業したのでは成長がありません。さらに書籍を追加購入し、先行実践に当たることで、過去の実践のアップデートをしています。さらに、新しく行った実践を記録しておくことで、また次に同じ単元を指導する機会に活用することができます。

　つまり、

第3章 | 授業をより良くするために、授業の再現力を鍛える

実践→記憶が薄れる→実践→記憶が薄れる…
　　　　　　のサイクルから
実践→記録→記録を基にしたより良い実践→記録…の好
循環を生むことができます。

（2）授業の組み立てを分かち伝える

　右資料は、6
年生の授業開き
の授業記録で
す。留意点や私
が意図したこと
を細かく書いて
います。

　サークルの例
会で検討しても
らうために配付
しました。する
と、この授業記
録を基に追試し
てくださる先生
がいました。

　　　国　語　科　授　業　奮　戦　記
　　　　　　　　　　　4月12日52号

○授業開き記録

発問・指示・説明	反応・思ったこと
指示ノートに名前を最高の字で書きます。 新しいページを開きます。（板書しながら）田 に×を書く。⊠ 発問この記号の意味が分かる人？分からない 人？	・机間巡視しながら褒めまくる ・やんちゃ君が「イギリス国旗」など言ってく れる
説明分からないに手を挙げた人偉い。授業とい うのは、分からないことを分かるようにするこ とです。正直に、分からないことは言っていい んだよ。 ところで、この図形の意味は…ありません。 発問この図形から、漢字を見つけます。	・遠慮がちだが、全員が手を挙げる ・最初は緊張させているが、少し緩和する場面
指示5分でノートにできるだけたくさん書きま す。（5分後）今、ノートに書いてある漢字を 数えてメモしましょう。 説明先生の授業は参加型です。（黒板にネーム プレートを貼る） 指示下側の人は、黒板に書きましょう。	・机間巡視しながら「もう3個！」「すごい5 個！」と驚き、褒めまくる ・授業に向かうのに大事な姿勢を伝える。子ど もたちは、見たり真似したりすることは悪いと 思っていることが多い
待っている人たちは、教科書を見たり、お 友達に聞いたりしても構いません。それもお勉 強です。真似することは恥ずかしくありませ ん。 指示（黒板に書けたのを確認して）全員鉛筆を	「学ぶ」の語源は「真似ぶ」ということを伝え る ・「鉛筆を置く」のように全員ができることは

　慣れてきたら、自分のための記録から分かち伝えるための
記録であることを、読んだ人が授業を再現できることを意識
して書いてみるといいでしょう。

4.「奮戦記」で向上する授業力

　「国語科授業奮戦記」は、3年半で250号に達し、枚数は300枚ほどになりました。授業記録を書くことが難しい時でも、板書の写真だけでも残してきました。奮戦記を書くことで以下の良さがありました。

・授業のパターンを確立することができる
・以前指導した内容を思い出して、授業中に使う教師の言葉がぶれなくなる
・書き起こすために自分の言葉が削られる、発問・指示・説明が明確になる
・他の人の授業作りのヒントになる
・未来の自分に役立つ
・自分の実践を積み重ねることができる

　年に一度の研究授業の時や、頑張ろうと決めた単元の時だけでも、こうした泥臭く記録を溜めるような努力は、必ず自分を成長させます。

【厳選】国語科授業奮戦記
　本記事に掲載した「奮戦記」のカラー版及び、紙幅の都合で掲載できなかったデータです。

第3章 ― 6

クラウド活用で加速する
授業改善

岩下雄哉

　GIGA スクール構想のスタートにより、職員室にもクラウド環境が整備されました。クラウド環境により、教員相互の情報共有のスピードが格段に上がりました。それまで、教員それぞれがもっていた授業づくりに関する財産を即時に共有できるようになったのです。情報共有のスピードが上がることは、授業改善のスピードを上げることにつながります。私が感じている、クラウド上で授業について情報共有することの良さは、この3点です。

1　授業をアップデートしやすくなること
2　チャレンジしやすい環境作りができること
3　クラウド上に授業記録を作成できること

1．クラウド共有で常に授業をアップデート

　私は各教科の学習で「子どもが主語の学び」を目指し、授業改善の一環として単元内自由進度学習を取り入れています。子どもたちが自走して学習を進めるために、子どもたちに学習の流れをクラウド上で共有しています。学習の流れは、子ども向けに書かれている授業案と言えます。この授業案は学級の子どもたちではなく、学校全体の教員が参照すること

もできます。子どもたちに授業案を配信すると同時に、教員にも共有できます。

同じ学習内容でも、学級の実態に応じて、授業の方法は変化していきます。学年内でクラウド上の授業案を共有することによって、他クラスの授業の情報を取り入れて、授業をアップデートできる環境が作られます。

資料は、２年生国語科「絵を見てお話を書こう」の学習の流れです。私は授業作りに、シンキング・サイクル（高橋、2022）を学習過程として取り入れています。図①は私が子どもに共有したもの、図②は同じ学年の先生が私の授業の後に作成したものです。この先生の学級では、図①のように学習の流れを番号で提示していました。しかし、子どもたちが学習を自分で進めていくことを意識できず、学びが停滞していたそうです。そこで、図②のように視覚的にわかりやすい資料を作成して子どもたちに提示し

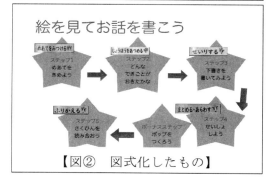

ました。すると、子どもたちが学習のプロセスを意識して、自分で学びを進めようとする様子が見られたそうです。クラウド上で学習の流れを共有することで、学級の実態に応じた授業のアップデートが実現したのです。

2．チャレンジしやすい環境作り

　ある年、新卒の先生と学年を組んだことがありました。学校を挙げて「子どもが主語の学び」へと授業改善を行う中、私は「単元内自由進度学習は初任の先生には難しい授業形態なのではないか」と感じていました。その先生は、年度当初はチャレンジすることに躊躇している様子でした。しかし、2学期には単元内自由進度学習にチャレンジしている姿がありました。「まずはなんでもやってみようと思って！」と話す姿をとても頼もしく思いました。

　話を聞いてみると、クラウド上で学習の流れを常に共有していたことで、新卒の先生も単元内自由進度学習にチャレンジしやすい環境が作られていたことがわかりました。その先生は、クラウド上で情報共有していく中で、特に良かった2つのことを話してくれました。

> ・学習の流れから授業の様子をイメージしやすかった
> ・授業作りのヒントを得ることができた

　新卒の先生も授業案のクラウド共有により、時間や場所の制約を受けない情報共有の良さを感じていました。直接話して授業についての情報を交換することに加えて、いつでもクラウド上で授業作りのヒントを得ることができるというメリットが大きかったようです。単元内自由進度学習という、

今まで経験のなかった授業作りにチャレンジしやすい環境作りがクラウド環境によって作られていたといえます。

3．クラウド上に授業記録を作成

私は公開授業を行う際にGoogle Chatを活用した情報共有を行っています。授業を参観した先生にはGoogle Chatでリアルタイムに写真や動画をアップロードしてもらったり、授業中の気づきをコメントとして入力してもらったりします。こうすることで、授業と同時に、チャット上に写真や動画で授業記録として残すことができます。また、直接授業を参観できなかった先生も、授業の様子をいつでも確認することができます。さらに、授業者は参観した先生のコメントを通じ

【Google Chat上の授業記録】

て、自分の授業を振り返ることができます。チャット上に記録が蓄積されることで、授業記録として保存され、いつでも子どもたちの学習の様子を振り返り、授業改善に活用できるのです。また、単元内自由進度学習という授業形態では、授業者である私1人だけですべての子どもの学びを見取ることは困難です。しかし、参観した先生が子どもたちの様子をチャット上に記録していくことで、授業後はもちろん、授業中にもリアルタイムで子どもたちの学びの様子を確認することができます。

　また、授業後に改めて協議会などを用意することなく、チャット上でいつでも授業について意見交換することができます。授業記録と同じく、協議していく中での意見も記録されます。もちろん、必要に応じて授業後に数名の教員で授業について直接話し合うこともあります。チャットを活用した授業記録の取り組みを続けていると、職員室内でも自然と授

②間違ったまま進んでしまった子に気づかず、修正できない可能性がある。

2月8日, 15:06

そんな子にはちょっと問題を減らしたりしながら、ヒントを出しつつ...合格基準を甘くして...という感じです

2は確かにそうですね
ノートとチェックテストで何を確認するのか、何ができればいいのかをはっきりこちらが理解しておくと良いのでしょうか

15:10

例えば本当で言うと、箱を作るのは早かったけど辺の数え間違いをしてしまっていた子が、ミニテストの辺の数の問題でずっとそこで止まってしまっていたところ。自分から、分からない、教えてと聞けない子へのフォローがすごく難しい!

2月8日, 15:19

確かに...。授業してるとなかなか気づけないので、教えていただきありがとうございます。
箱を作る時の見方考え方があり、それを使ってミニテストの問題を解く、という流れが教師も子供もはっきりしてるといいのかな、と思います
今から修正できるところは直していきます

【Google Chat 上で授業について協議する様子】

業作りについての会話も増え、互いの授業をより良いものにしていこうとする雰囲気もできあがってきました。

４．クラウド活用と授業改善

　私たち教師は、子どもたちのために日々の授業をより良いものにしていく必要があります。そのためには、より多くの先生と意見を交わし、授業作りについて考えていく必要があります。クラウドを活用することで、時間や場所に制約を受けない情報共有が可能になり、効率的に授業改善をしていくことができます。授業実践から、自身の授業を振り返り、授業改善していく環境がクラウド上で整えられるのです。今後、クラウド活用は、教育現場において重要なツールとなります。授業改善をはじめとした各種業務の効率化など、様々な活用が期待されます。クラウド環境を活用することにより、より豊かで、スピード感のある授業改善が進んでいくことを願っています。

参考文献
『学び続ける力と問題解決―シンキング・レンズ、シンキング・サイクル、そして探究へ』髙橋純、東洋館出版社、2022 年

第4章

研究テーマの明確化が
授業分析力を上げる

第4章 ― 1

立ち会い授業で授業分析！
～実践的指導力向上のポイント3～

川合賢典

1．立ち会い授業とは

　授業力を高める一番の方法は、授業の記録を取り、参観者の視点から分析・協議をする研究授業を行うことです。研究授業の方法は様々あります。行った授業に対して、参観者全員で協議するのが一般的な形です。外部から講師を招き、指導をしてもらう形もあります。ベテランの先生や授業力のある先生の授業から学ぶ師範授業という形もあります。外部講師がその学校の子どもたちに授業をする飛び込み授業という形もあります。そのような研究授業の形の1つに「立ち会い授業」があります。

　立ち会い授業とは、

> 同じ子どもたちに違う授業者が連続して授業を行い、
> 授業の違いを検討する研究授業

です。

　授業を受ける子どもが同じなので、授業者の授業力や子どもへの対応力に明確な違いが表れます。1984年に筑波大附属小学校有田学級で行われた向山洋一氏と故・有田和正氏の立ち会い授業が有名です。

本稿では、平成 29 年に勤務校で行った小学校と高等学校という異なる校種の教諭が行った立ち会い授業の事例を紹介します。

この立ち会い授業で、以下の 2 つのことを明らかにしようと試みました。

> ①授業を構成する要素を明確にし、良い授業をするために必要な実践的指導力の向上
> ②複数の授業評価シートを活用することで多面的・多角的に分析し、授業を見る視点を明確にすること

2．立ち会い授業を行う際の工夫とポイント

本立ち会い授業は、以下のように進めました。
（1）小学校教諭による道徳の授業
（2）高等学校教諭による道徳の授業
（3）研究協議会
研究協議会のポイントは、以下の 3 つです。

> ①研究授業の条件を揃える
> ②複数の評価シートによる分析
> ③協議会のグループ分けの工夫

①研究授業の条件を揃える

立ち会い授業を行う際に、条件を 2 つ設定しました。

1 つは、「教科・領域を同一にする」ことです。教科・領域を同一にすることで、教授行為に込められた意図の違いが

分かりやすくなるようにしました。

　もう1つは、「飛び込み授業で行う」ということです。授業者が自分の担任ではないクラスで授業を行うことで、2人の授業者の条件が平等になるようにしました。

②複数の評価シートによる分析

　授業を見る視点として、次ページ以降に示す2種類の授業評価シートを用いました。市教育委員会作成の授業評価シート【以下Aシート】（資料1）と高等学校教諭の作成した授業評価シート【以下Bシート】（資料2）の2種類です。評価項目の違うシートを活用することで、授業を多面的・多角的に見ることができるように工夫しました。

③協議会のグループ分けの工夫

　参観者を下図のように2つのグループに分けて協議会を行いました。

	授業者①	授業者②
グループ1	Aシート	Bシート
グループ2	Bシート	Aシート

　同じ授業を違う評価シートで評価して、評価の違いを検証できるようにしました。協議会は、グループで協議を行い、グループごとに発表するスタイルにしました。1グループ4人で構成し、グループ1とグループ2が2人ずつになるようにグループ分けをしました。そうすることで、同じ授業に対して、異なる評価シートでの評価が共有され、その違いについて協議できるように工夫しました。

第4章 ｜ 研究テーマの明確化が授業分析力を上げる

豊川の授業チェックリスト

めざせ！
授業力向上！

( )月( )日( )限目( )年( )組 授業者( )

教科等( ) 単元名( )

	ポイント	チェック内容	大変よい			がんばろう
1	あいさつ	元気なあいさつで授業がスタートできましたか	4	3	2	1
2	学習規律	学習規律（時間を守る、授業の準備、返事、話し方・聞き方）が守れていますか	4	3	2	1
3	ねらい	その時間で何を学ばせたいのか、授業のねらいがはっきりしていましたか	4	3	2	1
4	課題	学習課題を子どもたちに明確に示しましたか	4	3	2	1
5	考えをもたせる	課題に対する自分の考えをもたせることができていましたか	4	3	2	1
6	考えを表現する	自分の考えを表現する活動を取り入れていましたか	4	3	2	1
7	発問	さまざまな考えを引き出したり、思考を深めたりするような発問ができましたか	4	3	2	1
8	教師の姿勢（授業展開）	子どもの考えを生かして授業を進めていましたか	4	3	2	1
9	教師の姿勢（子どもの受容）	子どものよさを認めるような言葉がけやそれぞれの子どもに合わせたかかわりができていましたか	4	3	2	1
10	教師の姿勢（話し方）	声の大きさや話すスピード、抑揚、表情など、話し方を工夫しましたか	4	3	2	1
11	板書	子どもたちの考えが分かる構造的な板書になっていましたか	4	3	2	1
12	教材・教具	具体物やＩＣＴを効果的に使って授業を行いましたか	4	3	2	1
13	机間指導	明確な意図をもって机間指導をすることができましたか	4	3	2	1
14	ふりかえり	学んだことを実感できるような授業のふりかえりの時間を確保しましたか	4	3	2	1
15	ノート指導	ていねいなノート指導がされていますか	4	3	2	1
16	個への支援	支援が必要な子に対する手立てを用意できていましたか	4	3	2	1

感想等

参観者( )

資料1　Ａシート：市教育委員会作成の授業評価シート

参観者 （　　　　　　　　　　　　）

評価項目	得点 （〇をつける）		
1．子どもに伝わる分かりやすい発問	3	2	1
2．子どもの活動を促す指示	3	2	1
3．授業にあった教師の表情 　　（基本的には笑顔で授業をしているか）	3	2	1
4．場にあった声の出し方 　　（全体に通る声、明確な発音）	3	2	1
5．子どもと目が合うか	3	2	1
6．場面に応じた立ち位置 　　（発問の時には体を止めている、意図のある立ち位置）	3	2	1
7．ロジックのある机間指導 　　（意味のある動き方、公平さ）	3	2	1
8．心地よいリズムとテンポ	3	2	1
9．適切な個別対応 　　（褒め言葉、切り返し、不規則発言への対応）	3	2	1
10．チャイムで始まり、チャイムで終わる	3	2	1
感想等	合計 ／30点		

資料2　Bシート：高等学校教諭作成の授業評価シート

3．立ち会い授業の成果と課題

　研修に参加した36名にアンケート調査（5段階評価と記述式）を行いました。結果は以下の通りでした。

＜5段階評価によるアンケート（平均値）より＞

> （1）本研修で、新たな視点を得たり、新たな考え方に
> 　　　触れたりすることをはできましたか。　　…4.39
> （2）今後の授業に生かせる点はありましたか。…4.51

　立ち会い授業という形式が、今後の授業改善の参考となるものであったことが分かります。

＜記述式によるアンケートより＞
（1）研究授業の条件を揃えることで見えた授業力

> 　授業力ということについていえば、初めて出会う子どもたちをひきつけて、ねらいに迫る。その教師の力量を見せてもらった気がします。つまり、どこのクラスでも子どもをひきつけ、ねらいにせまる学習をさせることが力量なのだと思います。教材選定、教師の姿勢、ICTの活用など、すべてが授業力なのだと感じました。

　研究授業の条件を揃えることで、授業力について明確にすることができました。2つの授業を連続して見る立ち会い授業によって新たな発見をすることができたと考えられます。

（2）異なる評価シートで見えた、よい授業の要素

> 　２つのチェックリストを比べたり、必要なことを選んでみたりする中で授業の中で、どんなことが大切か。また、自分の中で何を大事に考えているかを見つめ直すことができました。小学校の先生も高等学校の先生も、どちらも大人も引き込まれる素敵な授業でした。

　協議を進める中で、授業において大切なことは何かということを考え、自分自身の授業を見つめ直すきっかけとなっていることが述べられています。立ち会い授業と協議会が一般的な観点からも個人としての観点からも授業改善につながる価値があったことが分かります。

（3）グループ分けから見えたこれからの研究の進め方

> 　小中高の連携、そして私たちが日々の授業で意識すべき授業評価について見直すことができるとてもよい機会になりました。協議会でグループごとに話し合ったので、「○○小では、この３つを重点項目にしよう」と現職研修で話し合い、全教員の共通理解をして取り組んでみてもいいのかなと思いました。

　授業において大切なことを話し合ったからこそ、職員として共通理解するべきところがあるのではないかという今後の研究への提案がされています。
　立ち会い授業を通して、実践的指導力の向上につながるポイントをいくつも見つけることができました。

第4章 ― 2

単元内自由進度学習における
子どもの見取り方

岩下雄哉

1．子どもが自律的に学ぶ授業への転換

　子どもが自律的に学ぶ授業と聞いて、どのような授業をイメージしますか。私は「自律した学習者の育成」を掲げ、学級経営に取り組んでいます。各教科の授業は「単元内自由進度学習」と呼ばれる授業形態を取り入れています。

　一斉授業は教師が運転する「バスの授業」と例えられます。反対に、単元内自由進度学習は、子どもたちそれぞれが運転する「車の授業」と例えられます。「車の授業」では、子どもたちの多様な学び方や学習内容が展開されます。個別で学ぶ子、友達と協働しながら学ぶ子、教師と共に学ぶ子、また、それらを行き来する子がいます。「車の授業」では、今まで培われてきた一斉授業での子どもの見取り方に加えて、新たな視点をもって子どもたちの学びを支えていく必要があります。

　一斉授業 …バスの授業
　単元内自由進度学習…車の授業

2.「車の授業」における4つの教師の役割

多様な学びが展開される授業の中で、教師の役割は次の4つだと考えています。

教師の4つの役割

(1) ティーチャーとして

| 確実に習得させたい知識・技能は落とさせない |

ティーチャーとして、教えるべきことは一斉指導や個別指導で確実に教える必要があります。教科の学習の中で習得するべき知識・技能を、子どもたちに確実に身につけさせる必要があります。単元に応じて、必要な知識・技能を一斉授業形式で教えてから、自由進度の学習形態を取る場合もあります。また、子どもたちの学習を見取り、必要に応じて個別に

第4章 ｜ 研究テーマの明確化が授業分析力を上げる

声をかけ指導をします。数名の子どもたちを黒板の前に集め、少人数で一斉授業を行うこともあります。ポイントは「そのまま学びを続けて見方・考え方を働かせることができるか」です。例えば、比較させたい場面では、ある事象について比べられるだけの知識・技能をもち合わせている必要があります。子どもたちの学びを見取り、見方・考え方を働かせるために必要な力がついているのか、教師が見取る必要があります。

（2）コーチとして

見方・考え方を働かせる言葉をかける

コーチとして自走する子どもたちに伴走し、その子に応じた適切な助言をします。

6年生算数科「分数÷分数」での学習の一場面です。単元冒頭での一斉授業で、

> T：ところで、なんで逆数をかけているの？
> C：そう塾で習ったからです。
> T：教科書ではどうやって学んだっけ。
> C：割り算の性質だったけど…。
> T：そうそう、どんな性質だったのか、もう一度調べてみるとしっかり説明できるようになるよ。

児童との授業中の会話

逆数をかけるのは、「割る数と割られる数に同じ数をかけても商は変わらない」という既習事項が生かされていることを学びました。ある時、算数の得意な子が、逆数を使うことで

75

ひたすらに単元の学習を進めていました。私は、なぜ逆数で計算するのか、その子に問いました。しかし、その子は答えることができず、学習したことが身についていない様子でした。そこで、もう一度単元当初の学習に立ち返り、既習事項が活用されていることを確認させました。私は、計算ができること以上に「既習事項を活用する」という考え方の大切さを子どもたちに実感してほしい、と考えていました。その後、この子の自主学習ノートに次のような記述がありました。「漢字も同じで4～5年などで習ったものはとても重要！」この言葉から、この子は、既習事項を活用するという考え方を他教科でも生かして学ぶことができるようになったことがわかりました。

（3）ファシリテーターとして

> 見方・考え方が働いている学びは確実に共有する

　ファシリテーターとして、多様な学びを繰り広げる子どもたちの思考を整理したり、理解したりできるように子ども同士をつなげる役割も必要です。教室内には、個別や協働で学ぶ子ども、先生と学ぶ子どもなど、様々な学び方が混在します。教師として彼らの学び方を尊重しつつ、意見交流させる場の設定も必要になります。

　6年生国語科「風切るつばさ」の学習では、文章表現から登場人物の関係図を作成しました。その中で、過去の国語の授業で学んだ心情曲線が活用できることに気づき、ワークシートに心情曲線を描いている子がいました。私は、全員に図を見せて「今までの勉強で使ってきた心情曲線はここでも

使えるよね」とだけ伝えました。すると、数名の子が心情曲線を描き始めました。私は図を描いていた子を集め、「図を並べて比べてみてね。違いがあったら、なんでそうなったのか質問してみよう」と声をかけました。子どもたちは、話し合う中で自分の図を修正したり、着目していなかった文章表現に気づいたりしていました。子どもたちをつなぐ働きかけにより、学びを加速させていました。

（4）ジェネレーターとして

学習者の一人として授業に参加しよう

　市川・井庭（2022）はジェネレーターについて「ジェネレーターとは、わかりやすくいうと一緒に参加して盛り上がりをつくる人だ」と述べています。私は授業中に、必要に応じて子どもたちの輪の中に参加して、意見を交わし、共に学びを作り出す場を設定するようにしています。

　2年生国語科「本に親しもう」の学習では、自分の好きな本について課題設定し、解決に向けて学習を進める活動を行いました。その中で、子どもたちは「1年生に読み聞かせしたい」「本をおすすめするポスターを作りたい」など、自分の立てた目標に向かって活動していました。ある子は本の紹介にとどまらず、学級の友達の好きな本について調べたいという思いをもっていました。そこで私は「新しい発見がありそうだね！」と子どもの思いに共感しつつ、「Google Formsでアンケートを作ってみんなに聞いてみてもおもしろそうだね」とアンケートを取ることを提案しました。その子はすぐにアンケートを作成し、発表資料に活用していました。子ど

もたちの「やりたい！」という思いを尊重しつつ、共に楽し
みながら学びをより活性化させるような声かけを選択するこ
とが大切です。

3．授業中の子どもの見取り方と見方・考え方

（1）「車の授業」における見方・考え方

　車の授業として展開される授業形態では、教科における学
習の中で身につけさせたい見方・考え方がガードレールのよ
うな働きをします。自由に学ぶ子どもたちには「見方・考え
方を働かせながら」学ぶことを求めます。そして、授業中に
は見方・考え方が働いている子どもを見取り、具体的な言葉
で価値づけます。教科の見方・考え方といっても何を提示す
るべきか迷うこともあるかと思います。『小学校学習指導要
領（平成 29 年告示）解説 総合的な学習の時間編』に示され
ている「考えるための技法」を子どもに身につけさせること
が授業作りの基本となります。

（2）授業の実際

　私は、道徳の学習の中で「多面的・多角的」と「比較」と
いう見方・考え方を働かせながら学んでいくことを大切にし
ています。子どもたちは登場人物の気持ちや主題について X
チャートやイメージマップなどの思考ツールを活用しなが
ら、多様な考えを整理していきます。そして、これからの自
分はどうやって生きていくべきなのかをまとめ、自分の学び
を振り返ります。私は、様々な考え方に触れていたり、それ
らを比較したりして生き方を考えている子を価値づけます。
子どもたちは徐々に自分なりの教材との向き合い方を身につ

け、友達と意見交換をしながら学びを進めていきます。

（3）子どもたちから生まれた見方・考え方キャラクター

多面的・多角的くん	シラベル
多面的・多角的 どんな教科でもよく登場する。多様な視点で考えられる学習場面で、登場する	調べる 「つまずいたらまず教科書で調べよう。」とどんな教科でも指導していると、調べることの必要性を実感した児童が発案した。
クラベル	ふりかえるくん
比較 どんな教科でもよく登場する。教科にとどまらず、友達と自分の考えを比べる場面でも意識している子もいる。	振り返る 「1時間の自分の学びを振り返る」という時間を設定し授業を行う中で生まれた。
変わり方くん	kanジョウさん
変わり方 算数で数量の変化について学習する内容を学習しているときに発案された。	心情 道徳や国語で心情の変化を天気で表したときに児童が発案した。よく登場する。

子どもたちが作成したキャラクター

　「多面的・多角的」や「比較」という考え方は、どんな教科の学びでも使える技法です。どんな教科でも一貫して考えるための技法を提示し続けることで、子どもたちは「今日の算数の問題は昨日のページと比べて違うところがあるよ」「国語でも多面的・多角的が使えるね」と自ら見方・考え方を見出して学ぶようになります。そのような中、私の学級で生まれたのが、見方・考え方のキャラクターたちです。このキャラクターたちは、考えるための技法にとどまらず、どんな学びでも使えるツールとして作り出されたものです。現在は、常に教室内に掲示しながらどんな時でも使える見方・考え方キャラクターとして活用しています。

4．授業中の子どもの見取り方とクラウド活用

(1)「車の授業」におけるクラウド活用

> クラウド活用で教師も子どももつながろう

　多様な学びを展開する子どもたちと教師、子ども同士をつなぐツールとしてクラウドの活用は必要不可欠です。クラウド環境を利用することで、教師は誰が何を学び、見方・考え方をどのように働かせているのかを瞬時に把握できます。子どもたちは他者の学びを参照し、友達の考えをすぐに参考にすることができます。

他者参照しながら学ぶ様子

(2) 授業の実際

　2年生国語科「あなのやくわり」の授業では、自らが見つけた穴について、その役割を説明する活動を行います。教師は子どもたちと Google Jamboard を共有し、教科書本文から正しく読み取っている子を価値づけます。身近な穴について

説明する活動では「〜するための穴」という言葉を適切に使いながら表現している子を価値づけます。子どもたちの中には、自分と同じものの穴について表現している友達をクラウド上で見つけ、協働している子もいました。私は、彼らの行動を見取り、適切に課題解決をしている子を価値づけることもあれば、助言が必要な子どもにアドバイスをします。クラウド活用により、子どもの学びを端末上で瞬時に見取ることができます。自走する子どもたちをつなげたり、子どもに伴走する教師を補助したりするためのツールとして、クラウド活用は有効な手段となります。

5．子どもと共に学び続ける教師でいよう！

　今後、より多くの学校で「子どもが主語の学び」「自律した学習者」などをキーワードに授業改善が行われていきます。私たちは学習内容や目の前の子どもたちに応じて、適切な学びをデザインしていく必要があります。子どもたちが主体的に学び、自分自身の生きる道を切り開く力を身につけられるよう、授業改善していかなければなりません。これからも子どもたちと共に学び続け、自走する子どもを支える教師として成長していきましょう。

参考文献
『ジェネレーター 学びと活動の生成』市川力・井庭崇、学事出版、2022 年

第4章 ― 3

「探究」の授業におけるポイント

小胎未輝仁

1．「探究」とは

　瀬戸 SOLAN 学園初等部では、**「個人探究」**の授業があります。「探究型」ではありません。総合的な学習の時間を「探究」と呼び、実践する学校も増えてきたと思いますが、それらとは一線を画すものです。

　子どもが自分で課題を設定し、解決していく授業です。テーマは、十人十色です。

　教師は、授業者ではなく「協働学習者」と呼びます。つまり、教授するのではなく、共に学んでいく立場ということです。

　協働学習者として、最も大切にしていることは対話です。ただ見守るわけではなく、理由を尋ね、何をしたいのか分解して考えることで、進む方向を明確にしていきます。

　瀬戸 SOLAN 学園でも、実践しながら作っているところですし、まだまだ成長の過程にあります。最新の取り組みとしてお読みいただけたらと思います。

2．テーマ設定

　以下に示すのは、探究テーマの例です。全員が異なるテーマを設定しています。

　テーマ設定の期限はありませんし、いつ変えてもいいことになっています。それくらいフレキシブルで、子どもの裁量権が大きい時間です。

　「探究」の時間のどの時間にも通ずることですが、教師側の姿勢として、待つことがとても重要になります。

探究テーマの例（2024年度5年生抜粋）

テーマ	分野
プラズマボールはなぜプラズマが発生するのか	エネルギー
超簡単！炊飯器でチョコケーキ	料理
その時代にあった怪獣映画を作るには	文化
アップサイクルの商品を作ろう！	環境
バスケットボールのドリブルをマスターするには	スポーツ
海面温度上昇を防ぐためには	環境
電車をより速く走らせるにはどうすればいいのか	交通
車のエンジンの種類と動き方	交通
三平方の定理を証明する	数学
バスケットボールでボールに慣れるためには	スポーツ
手品が上手くなるには	文化
ドッジボールのキャッチとアタックを強くするには	スポーツ

　似たテーマの子どもたちでグループを編成しています。教師側も自身が興味関心のあるグループに入ることで、教師自身も子どもと共に学びを楽しむことができるようにしています。

　例えば、6年生のAさんはテーマを「中等部の制服デザイ

ン」にするか「バレエの衣装」にするかの二択で悩んでいました。

　テーマが決まらず子どもが悩んでいるのは、教師側からするともどかしい時間です。結論を急かさず、じっくりと対話を繰り返しました。Ａさんは、友人に相談しに行ったり、クッションなどが置いてあるリラックスできる空間で一人じっくりと考えたりしている様子がありました。

　結果として90分かけてＡさんは自分自身でテーマを決めました。

　対話するには、その子との関係性が築かれていることが前提です。教師との対話が必要なタイミングなのか、見極める必要があります。

ポイント①

> 　対話ばかりが重要なのではなく、焦らず、時には一人で悩むことができる時間も確保する。

3. 本時の目標設定

　子どもたちのテーマが違えば、その時間にやることも全員異なります。なので、その時間の目標も自分で決めます。後述しますが、目標と振り返りを一体的にｅポートフォリオ（まなポート）でまとめています。

　「探究」での目標は、数値化できるものは多くありません。そこで、ルーブリックで言語化します。

　5年生のＢさんは、自分で作った「水の絵本をどのように

したらソランのみんなに読んでもらえるのだろうか」をテーマにしていました。

　ルーブリックは、以下のように設定しました。（一部抜粋）

時	Activity	S	A	B	C
①	探究計画カードを書き直す&12月までの見通しを立てる。	A+12月までの計画が具体的に書ける。	誰が読んでも分かりやすい探究計画カードを書くことができる。	探究計画カードは書けるが、ちょっと分かりにくい。	何もできない。
②	何円で絵本を売るか考える。	A+（編集者）さんに質問する内容を考える	印刷代などをもとに売る金額を考えることができる。	印刷代を調べることができる。	何もできない。
③	理事長交渉の準備を進める。	A+友達に、宣伝の交渉をすることができる。	（印刷会社）に印刷の申し込みをして、理事長交渉で使うスライドを作り始めることができる。	（印刷会社）に印刷の申し込みをすることができる。	何もできない。

　Bさんは、2年生の時から「水」をテーマに探究を始めました。3年生からは、探究を通して抱いた水の大切さをみんなに伝えたいと思うようになりました。伝える方法を考えた結果、絵本を作る活動を選択しました。

　5年生になり、絵本の内容やイラストなどを吟味し、推敲を重ねてきました。そして製本し、販売することを目標にしました。

　私には、適切な販売価格を示したり綺麗に製本したりすることはできません。そこで、出版社に知り合いがいる教員にお願いして、プロの編集者に絵本を見てもらう機会を設けました。（ルーブリック②の日）

　また、製本するにあたっては、学校のパンフレット等を発注した経験のある事務職員にお願いし、発注サイトの使い方

などをBさんに教える機会を設けました。（ルーブリック③
の日）

　さらに、校内で販売する許諾については、学校の理事長と
交渉することにしました。

　このように、多くの人々と関わることで、社会に出てから
も「一人の力では限界があるけれど、多くの人に支えられて
1つの仕事ができる」ことを体感していると思います。

　特に高学年において、個々がテーマを設定した探究では、
教師の知らないことや専門性が非常に高い内容まで踏み込む
子が出てきます。

　そうした時に、教師一人で解決しようとするのではなく、
その子が本時にやりたいこと、達成したいことを基に専門家
につないだり、必要に応じて資料を提供したりすることが必
要となります。

ポイント②

「教師が教えよう」ではなく、共に学び、その子が必要
な情報にアクセスできるようにサポートできる方法を考
える。

4．本時の振り返りと教師からのフィードバック

　活動を終えると、毎時間振り返りを書きます。本校が開発
した「まなポート」は、ルーブリックと自己評価、教師から
の評価、振り返りを一体的に管理することができます。

第4章 | 研究テーマの明確化が授業分析力を上げる

　児童の振り返りを基に、教師はコメントを入れます。振り返りには、「できたこと、できなかったこと、次にやりたいこと」を入れることを基本としています。

時	児童の振り返り	教師からのコメント
①	探究計画カードを書いて、12月までの計画を書いた。できたことは、探究計画カードが書けて、先生にサインをもらうことができた。12月までの計画も、ざっくりたてることができた。できなかったことは、まだ絵本を手作りで製本するか、印刷会社に頼むか、決めることができなかった。次までに、それを決めてきたい。	発注すると、紙質が全く異なると思います。また、自分で製本するとどうしても手作り感がたくさん出てしまいます。印刷会社に頼んだときの費用とその効果と、手作りのバランスを考えてみましょう。
②	今日は、絵本を売るための計画を立てた。できたことは、これからやることと、それをいつまでにやるかのスケジュールを立てた。できなかったことは、値段を大体しか決めれなかった。予定としては、一冊200円とか300円ぐらいになりそうだ。このスケジュール通りに、これから活動していきたい。	ゴールから逆算して、計画を立てることを「バックキャスティング」といいますが、上手に活用できていましたね。1冊当たりの値段、これまでの労力、収益を何に使うか…。考えることがまだたくさんありそうですね。
③	今日は、ラクスルに印刷の申し込みをして、理事長交渉で使うスライドをちょっと作り始めた。できたことは、岩月さんに手伝ってもらいながら、印刷の申し込みをすることができた。あと、理事長交渉で使うプレゼンを作り始めることができた。できなかったことは、（友達）に宣伝の交渉をあまりすることができなかった。次は、理事長交渉に行こうと思う。	いざ発注の画面までいった後も、細かく仕様を決める必要がありましたね。そんなときでも、分かる人に聞きながら進めることでスムーズにできました。次は、いよいよ販売前日なので、どんな準備をするのか具体的に決められるといいと思います。

　言語化することで、自分を客観視できる振り返りの時間はとても重要です。

　教師側としても、外から見ているだけでは分からない子どもの気づきを知ることができます。

　教師のコメントも、個に応じて内容を変えますが、Bさんには、次にやることへの明確な見通しをもつことができるようにコメントしています。

　Bさんは、やることが明確になっていて、販売日（ゴール）も決まっているからです。

　そして、次の時間には、教師からのフィードバックを基にまたルーブリックを作成する循環になります。

87

ポイント③

> 授業中の行動観察に加え、振り返りや本時の成果物を
> 基に、その子の見取りを深める。

5．探究学習の基盤と教師に必要なポイント

　探究の時間に問いを立てるためには、教科学習でも問いを
立て、解決するプロセスでの学習経験が必要不可欠です。

　ルーブリックを自分で設定することも、教科学習の中で経
験しておくことが必要です。調べ学習をするにしても、資料
を分析したり、まとめたりする時にも教科学習で培った力が
基盤になります。

　つまり、「探究」授業の実現のためには、これまで以上に
教科学習でも子どもたちに委ね、自走する子どもたちを育て
る必要があるということです。

　「探究」授業において、子どもを見取る教師側の姿勢とし
ては個を見極め、時には見守ることに徹して待つことが重要
になります。もどかしい時もありますが、子どもを信じて待
つことが最も重要なポイントです。

（参考）子どもが学びの足跡を蓄積する「まなポート」の探
究学習の画面

①学びのプロセス（みつける、しらべる、つたえる、まとめる）
②本時の活動内容
③本時のルーブリック

④本時の学びのデータをアップロード
⑤児童の振り返り
⑥児童の自己評価
⑦教師の評価
⑧教師からのコメント

①　　②　　　③　　　　　　　　　④　　　⑤　　　⑥⑦　　⑧

①	②	③	④	⑤	⑥	⑦	⑧
つたえる	報告書を発表するとフィールドワークについて考える	A→自分に伝わりやすく伝達することができた。	発表をして、フィールドワークどんな最後まやすのか考えて、自分の表現を待つことができた。	Number of Files: 1	録画できない	A	S	モンテールの工場見学では使用した水をどのように流通するのか整理しました。
みつける	探究計画カードを書く＆12月までの見通しをもてる	A→2月までの計画が具体的に書けた。	紙が誰よりも分かりやすい探究計画カードが書けて、12月までの見通しがつくりたてる。	Number of Files: 1	判断できない	A	A	実際にやってみることが最初から考えられる。
みつける	solanの第二商店をつくる目的をはっきりさせよう	これまでの活動の見通しを決めれることができる。	第二商店の店の状況をはっきりさせることができる。	Number of Files: 2	判断は決まらない	S	S	今日は6年生で一緒にいたいと話しいができ。
まとめる	授業資料本の準備をする。	A→授業で、自分の友達とすることができた。	クラスに印刷の申し込みをして、授業発表で使うスライドを作れた。	No Record	何もできない	A	A	印刷申請し出しのに、様々な大などがありました。

第4章 — 4

AIで進化する教育
ChatGPTを活用した授業分析

谷中優樹

1．授業の腕を生成 AI と磨く方法

「教師たるもの授業で勝負がしたい」
「分かりやすい授業をしたい」
　教師なら誰もが思うことです。授業の腕を磨く王道の方法は、研究授業をすることです。指導案を書き、授業を見てもらい、フィードバックをもらうことで授業を改善することができます。初任者研修では、毎週のように授業を見てもらいアドバイスをもらえます。しかし、2年目からほとんど見てもらう機会はなくなり、多くても1年に数回の研究授業だけになってしまいます。先輩や同僚に見てもらおうにも、授業や校務の都合で頻繁に見てもらうこともできません。そこで、活躍するのが、生成 AI です。

> 　生成 AI を使えば、自分が満足するまで、何度でも何度でも授業分析に付き合ってくれます。

（1）授業を文字起こしせよ

　授業を録画？　授業後に見返す？　それを聞きながらタイピング？　できるわけない！と思われた方もいるかもしれま

せん。そんな方も心配いりません。タブレット端末には「音声入力機能」があります。端末にもよりますが、iOS などの音声認識は、大変優秀です。多少の誤変換や誤認識はありますが、自動で話した言葉をほとんど正確に文字起こししてくれます。つまり、することはたった1つ。授業前にタブレット端末の音声入力機能をオンにするだけです。

（2）CLOVA Note で精度を上げる

　音声入力機能だけでも十分ですが、さらに精度を求めるなら CLOVA Note を使うと良いでしょう。LINE 社が提供するこのアプリは、AI 技術を使って音声を文字に変換ができます。3 人以上の会話では AI が話者を区別し、話者ごとに会話を分けて表示することもできます。授業中の内容やディスカッションをリアルタイムで文字起こしし、授業記録を簡単に整理できます。音声記録は以下のファイル形式でダウンロードすることが可能です。

CLOVA Note での音声記録のダウンロード方法

2．いざ、授業分析！

　作成した文字起こしデータをChatGPTなどの生成AIに添付します。

> 　この際、文字起こししたデータに、子どもの名前や学校名、住所など個人情報に当たるものは削除したり、仮名に置換したりする必要があります。

（1）ChatGPTへのデータ入力

　文字起こしデータをChatGPTに入力し、分析を開始します。まずは授業の概要や目的を伝え、具体的な質問や改善点を相談します。例えば、「この授業で子どもたちの理解度を高めるためにはどうすれば良いか？」などの質問を設定します。

（2）重要ポイントの抽出

　ChatGPTを使って、授業内容の中から重要なポイントを抽出します。具体的な質問を設定し、AIに分析を依頼することで、授業の核心部分を把握できます。例えば、「子どもたちの反応が特に良かった部分はどこか？」といった質問を投げかけるのも良いでしょう。

（3）教師のクセも分析　言葉を鋭く

　ChatGPTを活用することで、教師自身の授業のクセや発問のブレなどを分析することも可能です。例えば、特定のフレーズを頻繁に使っていないか、子どもたちの発言を十分に引き

出せているかなど、具体的な改善点を把握できます。発問や指示について「指示・発問は短く限定して述べよ」と向山洋一氏は述べています（『新版　授業の腕をあげる法則』向山洋一　学芸みらい社 2015）。ChatGPT の分析結果を基に、自分の授業スタイルを客観的に見直すことができます。

授業分析

子どもたちの理解度を高めるために必要なこと

1. **視覚的資料の活用:**

   - 縄文時代と弥生時代の生活を視覚的に理解するために、画像やビデオを活用することで、子どもたちのイメージを具体化させることができます。
   - 例えば、縄文時代のたて穴住居や弥生時代の高床式倉庫の写真を見せると効果的です。

2. **実際の体験を共有:**

   - 教室で小規模な再現活動を行うことで、より深く理解させることができます。
   - 例えば、縄文時代の土器作りや弥生時代の稲作体験を模擬的に行うとよいでしょう。

3. **多面的な視点の提供:**

   - 衣食住や道具の観点だけでなく、社会構造や文化、宗教など他の視点も紹介することで、より広範な理解を促すことができます。

4. **ディスカッションの深化:**

   - 子どもたちが自分の意見をより具体的に述べられるように、質問を工夫する。
   - 例えば、「狩りや採集の楽しさ」とは具体的に何か、「稲作の大変さ」についても考えさせる。

ChatGPT による授業記録の分析①

子どもたちの反応が特に良かった部分

1. **グループでの討論：**

   - 20-25分のグループ討論では、子どもたちが活発に意見を交換し、自分たちの考えを深めていました。この活動は、子どもたちにとって魅力的であり、参加意識を高める効果がありました。

2. **具体的な例の提供：**

   - 遺跡や出土品についての具体的な例を挙げた場面で、子どもたちは興味を示し、活発に発言していました。例えば、縄文土器の模様や高床式倉庫の構造についての説明は、子どもたちの関心を引きました。

授業の改善点

1. **タイムマネジメント：**

   - 各セッションの時間配分を見直し、特に討論の時間をもう少し延長することで、子どもたちが深く考え、意見を交換する機会を増やすことができます。

2. **個別フィードバックの充実：**

   - 討論の後、個々の意見に対するフィードバックを充実させることで、子どもたちの理解をさらに深めることができます。

3. **多様な視点の導入：**

   - 衣食住や道具以外の観点（社会構造、文化、宗教など）も取り入れることで、より多面的な考え方を促すことができます。

ChatGPT による授業記録の分析②

（4）AI 活用のデメリット

　生成 AI の利用にはデメリットもあります。AI の分析は完璧ではなく、時折誤った解釈をすることがあります。また、個人情報の取り扱いには細心の注意が必要です。これらのリスクを適正に管理しつつ活用することが大切です。

第4章 | 研究テーマの明確化が授業分析力を上げる

3．授業改善のチェックリストも AI に任せろ

　授業改善をして行動に移さなければ授業の腕は上がりません。授業分析後の改善点や次回の目標をリスト化することは、非常に重要です。しかし、その作業には多くの時間と労力がかかります。ここでも AI が役立ちます。ChatGPT に分析結果を基にしたチェックリストの作成を依頼することで、効率的にタスクを管理し、次回の授業に向けた準備をスムーズに進めることができます。

次回の目標

1. **視覚的資料の活用**
   - 縄文時代と弥生時代の生活を視覚的に理解するために、画像やビデオを用意する
   - 教材として縄文時代のたて穴住居や弥生時代の高床式倉庫の写真を準備する

2. **実際の体験を共有**
   - 教室で小規模な再現活動を行い、縄文時代の土器作りや弥生時代の稲作体験を模擬的に実施する

3. **ディスカッションの深化**
   - 子どもたちが自分の意見を具体的に述べられるように、質問を工夫する
   - 具体的な列を使い、深く考えさせる質問を準備する

4. **評価と反省の時間を確保**
   - 授業の最後に、子どもたちに自己評価と授業の振り返りをさせる時間を設ける
   - 教師自身も授業を振り返り、次回に向けた改善点を記録する

これらのチェックリストを活用することで、授業の質を高め、子どもたちの理解度をさらに向上させることができます。

ChatGPT が作成した次回の目標のチェックリスト

4．おすすめプロンプト（指示文）一覧

　プロンプトとはAIに出す指示文のことです。授業分析に役立つプロンプト集を右ページに載せます。授業分析編プロンプトと、教師の授業力分析編プロンプトの2つを作成しました。QRコードからダウンロードできます。授業分析をする際に、ご活用ください。

プロンプト一覧DLリンク

5．おわり

　ChatGPTなどの生成AIを活用すれば、授業の質を向上させることができます。私も生成AIツールGPTsを作成しました。教育現場の効率化に貢献する方法は、QRコードをご覧ください！　ぜひ、教育現場でもAIを活用していきましょう。

業務改善GPTs

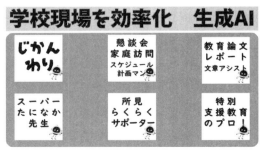

第4章 | 研究テーマの明確化が授業分析力を上げる

授業分析プロンプト

番号	プロンプト【指示文】
1	授業の概要を教えてください。
2	子どもたちの反応が良かった部分はどこですか？
3	子どもたちの理解度を確認する方法を教えてください。
4	授業の進行がスムーズだったかどうかを評価してください。
5	授業の改善点を挙げてください。
6	授業中の質問の仕方を改善する方法を教えてください。
7	授業のどの部分が特に効果的でしたか？
8	子どもたちの集中力を引き出す方法を教えてください。
9	授業のテンポが適切だったかどうかを評価してください。
10	授業の開始と終了のタイミングを改善する方法を教えてください。
11	授業の目的が達成されたかどうかを評価してください。
12	授業中に使った教材の効果を教えてください。
13	子どもたちの発言をもっと引き出す方法を教えてください。
14	授業中のディスカッションを活発にする方法を教えてください。
15	授業後の振り返りを効果的に行う方法を教えてください。
16	この授業を批判的に見てください。

第4章 ―5

OPPAを授業に活用した指導改善

酒井雄基

1. OPPAとは

1枚ポートフォリオ評価（OPPA：One Page Portfolio Assessment）とは、教師のねらいとする授業の成果を、学習者が1枚の用紙の中に学習前・中・後の履歴として記録し、その全体を学習者自身が自己評価する方法です。

教師は、OPPシートを用いて、学習前・中・後において学習者の進捗状況を把握し、授業評価を行い、指導の改善を図ります。

学習者は、自分の成長過程が具体的に把握でき、学習の成果を振り返ることができます。

2. OPPシートの基本構造（5年生理科「台風と防災」）

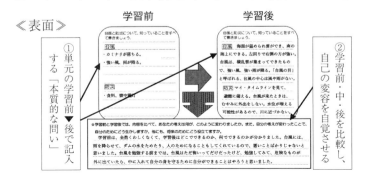

≪裏面≫

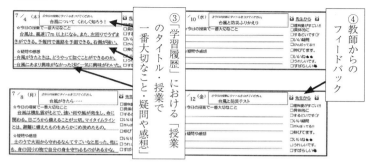

　OPPAでは、1つの単元をもとにしたOPPシートを、授業プランを練る段階で作成します。

　学習者が学習履歴として毎時間の授業後にシートに記入します。

　その内容を教師が確認すると共に適切なコメントなどを与え、指導の改善を図ります。それを繰り返し、単元終了後に学習内容全体を学習者に自己評価させます。

3．OPPシートの活用から

（1）メリット

①毎時間、授業の大切なことを表現することにより、学習者の学習理解度や到達度を確認することができます。

②学習履歴から、学習到達度に応じて適切に振り返りを行うことができます。

③学習者の素朴概念から発展的な学習内容を加えたり、学習指導の改善につながったりします。

（2）授業改善による学習意欲の向上

　台風について詳しく学習した後、学習履歴に「台風がきたらどうすればいいのか」という記述がありました。

　元々、防災について学習する予定でしたが、教師から与えられた問題ではなく、学習履歴から子どもの疑問として取り上げることで、意欲をもって学習に取り組む姿が見られました。

5年生理科「台風と防災」（OPPシートより抜粋）

○どうして台風は左回りなのか不思議です。何か法則があるのか気になります。

○台風は、左回りなのにどうしていろいろな方向にいくのかな？

○台風は本当に強いんですか？　鉄の入った服を着ておけば大丈夫なのでは？

　（⇒経験したことのない強い風に対して、重い服を着ることで安全が守れるという発想に、思わず笑みがこぼれてしまいました。）

○台風が発生するならどこかで消えると思います。どこでどのようになくなる、消えるのかが、とっても気になります！

○なんで台風には目があるのか不思議に思いました。

○お風呂の水を抜いている時、最後にうずをまくんですけど、それと台風は関係しているんですか？

○土のうは、砂を入れて重くしているけど、なぜ砂を入れるんですか？

　このように、子どもたちは数多くの疑問をもちます。

ある児童の学習履歴です。

> ☆今日の授業で一番大切なこと
>   先生が私の疑問をテレビで映してくれて、偏西風の影響でなるんだって！ 東から風がふいてくるんだ。
> ☆疑問や感想
>   動画も分かりやすく、台風や防災のこともたくさん知ったし、新しい自学の目標（調べたいこと）もできた。今日、良かった！

教師のねらいに応じて適宜取り扱うことで、学習指導の改善につながり、子どもの学習意欲が向上します。

4．「デジタルOPPシート」への挑戦

1人1台端末が導入され、OPPAを端末上で行うことも考えられます。（資料①）

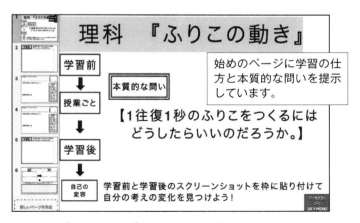

資料①　5年生理科「ふりこの動き」デジタルOPPシート

デジタルOPPシートのメリットは、学習者が記入したシートを提出することでクラス全員に共有できることです。

また、ビジュアル的にも非常に見やすく、端末で撮影した実験動画や写真も入れることができます。（資料②）

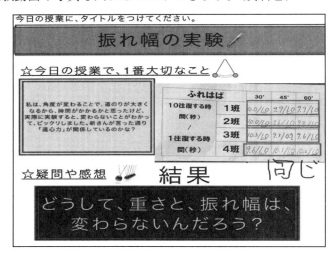

資料②　実験結果の写真を挿入したデジタルOPPシート

5.「手段」は「目的」ではない

OPPシートは手段です。

子どもにこんな力をつけさせたい、こんな子どもを育てたいというのが目的です。

手段が目的にならないよう、常に自己を客観視し、子どもから学ぶ姿勢が学習指導の改善につながります。

参考文献
『新訂　一枚ポートフォリオ評価OPPA』堀哲夫、東洋館出版社、2019年
『自己評価による授業改善OPPAを活用して』中島雅子、東洋館出版社、2019年

第4章 — 6

初任者指導で授業記録を活用して教師力を伸ばす

愛知太郎

1．私語が止まらず、学級崩壊に怯える若手教師

　今年度、教務主任として初任者指導を担当しています。初任者は穏やかで、子どもたちに対し大声で怒鳴ることはありません。しかし授業中、子どもたちは私語が止まらず、教師の説明をほとんど聞いていません。そのため、活動が始まってから「何をするの？」と戸惑う子が何人もいました。

　事後指導で、「先生が話をするときは、子どもたちを静かにさせてから話そう」「私語をしている子たちに注意をしないと授業中に私語をしていてもいいと思われてしまうから注意をしよう」と指導をしました。他にも気になるところがたくさんありましたが、この2点について、参観するたびに話をしました。「手に持っている物を置きなさい」「顔を先生に向けなさい」と具体的な指示も提案しました。しかし、指示を出すタイミングがわからないのか、私が提案した指示や声かけをする姿が見られず、子どもたちの私語も収まることはありませんでした。

　ある日の事後指導で「何か困っていることある？」と聞いたところ、「学級崩壊をしている夢を見ました」と話し、初任者も精神的に追い込まれていることが分かりました。

2．授業記録を元に指導をする

　「子どもが私語をしているのに注意をしない」「発問に対して全く関係ない話をする」状態は何とかしないといけないと考え、私は初任者の授業記録をつけ始めました。

　子どもの私語や授業に関係ない話も記録するので、メモに追われて顔を上げることができません。しかし、授業記録を見ながら話すことによって初任者が子どもたちに学習規律を教える必要性を感じるという効果がありました。

道徳授業記録

T　：先生が読んだお話について、どんなお話か確認します。
C1：先生、席替えっていつやるの？
T　：今日はやりません。
C2：早く席替えやろうよ。
T　：はじめに誰と誰がいましたか。
C3：よしきとかずや。

道徳授業事後指導

私：先生の発問に対して、C1が全然関係ない席替えの話をしたよね。そこは、席替えの話は「今、関係ないよね」と一言言ったほうがいいよね。
初：そうですね。
私：C1のときに、先生が注意しないで進めたので、C

104

第4章 | 研究テーマの明確化が授業分析力を上げる

> 　２が「早く席替えやろうよ」と言ったんだね。その
> 後、先生が相手にせずに進めたんだけど、Ｃ１のと
> ころで注意すればＣ２の一言はなかったよね。
> 初：そうですね。気を付けます。

　授業記録の教師と子どものやり取りを元に、良くなかった
場面をイメージでき、改善案も納得して受け入れることがで
きました。
　次の授業では、授業に関係のない話をする子に「その話は
関係ないよね」と一言、注意するようになりました。

３．授業記録を元に作業指示の必要性を伝える

算数授業記録

> Ｔ　：ひし形って何？
> Ｃ１：あの線とあの線（対角線）が垂直な形。
> Ｔ　：前に出て説明してくれるかな。
> Ｃ１：この線とこの線（対角線）が垂直な形。
>
> （私語をして話を聞いていない子が数人）
>
> Ｔ　：今、Ｃ１さんが説明しているのに聞いていないのは
> 　　　良くないよ。Ｃ１さんの話を聞こうね。Ｃ１さん、
> 　　　申し訳ないけど、もう一度言って。
> Ｃ１：この線とこの線が垂直な形。
> Ｔ　：ひし形は対角線同士が垂直で交わるんだね。他に
> 　　　は？

105

> Ｃ２：すべての辺の長さが同じ
> 　Ｔ　：そうですね。では、平行四辺形はどんな形？

算数授業事後指導

> 私：話を聞いていない子に対して、注意していたね。あ
> 　　れは説明している子のためにもよかったと思うよ。
> 初：ありがとうございます。
> 私：ただこの場面、説明をしている子以外はやることが
> 　　ないので、「ひし形は対角線同士が垂直に交わると
> 　　ノートに書きます」など、作業指示を入れるといい
> 　　よ。
> 初：そうですね。手遊びしている子もいました。

　授業記録を元に具体的な場面において、作業指示の必要性
を解説することで初任者も納得し、次の授業に生かそうとし
ていました。

４．子どもの反応によって展開を変更する

道徳授業記録

> 　（道徳題材の範読の後）
> Ｃ１：これは信二が悪いよ。
> Ｃ２：信二があんなことを言うから。
> 　Ｔ　：では、どんなお話か確認します。誰が出てきた？
> Ｃ３：信二とさとし。
> Ｃ１：せっかく、さとしが誘ってくれたのに。

道徳授業事後指導

> 私：範読の後に信二さんが悪いとか反応があったのに、先生が「誰が出てきた」と展開を戻したので、そのまま進めてもいいかもね。
>
> 初：どう進めたらいいですか。
>
> 私：「信二さんの何が悪いのですか」と発問すると、今日の展開だったら中心発問に早く入れたと思うよ。
>
> 初：そうですね。話の内容が分かりやすいので、話の確認はなくても良かったかもしれません。

　授業記録を始めたとしても、すぐに授業が改善されるわけではありません。授業の良かった点、改善点を見つけ、改善策を考えたり教えたりします。この繰り返しで、少しずつ成長していくのだと感じます。特に初任者は初任者研修として、指導員による授業参観があるので、授業記録の作成が可能です。この機会を生かしてほしいと思います。

5．授業を映像で撮影する

　初任者指導の時間といっても毎時間、授業記録がとれるわけではありません。発問や指示、子どもの発言の記録だけでは、教師の声や目線などがわかりません。実際に初任者授業参観では、教師の指示がよく聞こえず、後ろの席の子どもたちが困っている様子が見られました。その話をしてもなかなか改善されなかったので、タブレットを使って動画撮影をしました。

　紙に書く授業記録のメリットは、教師の指示・発問、子どもの発言が書かれているので、発言に対する教師の対応や授

業の展開の検討ができます。

　デメリットは、教室の雰囲気が分からないので、子どもの
「え〜」という言葉が「もっとやりたい」なのか「まだやるの？」
なのかイメージできません。

　動画授業記録のメリットは、子どもの席近くにタブレット
を設置しているので、教師の声の大きさや張り、抑揚など、
子どもからどう見えるかが分かります。

　デメリットとしては、教師の発問・指示、子どもの発言を
書き留めていないので、「このようなことを話していた」など、
あいまいな授業分析になってしまうことです。

国語授業事後指導

> 初：子どもの席から自分の声、よく聞こえていないです
> 　　ね。はっきりと話さないといけないですね。
> 私：机間指導をして、近くにいるときは緊張感があって
> 　　いいんだよね。でも離れるとだらっとした感じに
> 　　なっているね。

　授業を参観する度に、紙の授業記録にしたり動画にしたり
しています。初任者本人は気づいていませんが、見ていると
少しずつ成長していることを感じます。

　「成長している」と話をしても、実感していないようなので、
授業記録を元に話をすると「そうですね」と笑顔になります。
授業記録は教師の成長を実感できるツールなのです。

あとがき

　私が教師になった頃、授業記録といえば、テープレコーダーに録音して、パソコンで書き起こすというものでした。テープ起こしといいます。タイピングが間に合わず、何度も止めたり、言葉が聞き取れずに何度も巻き戻したりしながらテープ起こしをしました。

　１時間の授業をテープ起こしするのに、２時間も３時間もかかりました。それだけ無駄なことを話していたのです。しかし、繰り返すうちに、少しずつ時間がかからなくなってきました。慣れもありますが、一番の要因は、教師の言葉が少なくなったことです。この教師修業は自分の成長に大きくつながったと感じています。

　現代では、技術の発達により、手軽に授業記録が取れるようになりました。昔ながらの方法も大切にしつつ、新しい技術も取り入れることで、授業記録という文化が進化していくことを願ってやみません。

　最後に、本書の企画から原稿への指導など、学芸みらい社の樋口雅子様には大変お世話になりました。原稿を執筆・整理をしていく中で、サークルメンバーそれぞれが、教師としての自分を育ててくれた方との出会いを思い出しました。この場を借りて、今までお世話になってきた皆様に心より感謝申し上げます。

2024 年 8 月吉日

川合賢典

［執筆者一覧］

酒井雄基　　　愛知県豊川市立平尾小学校教諭

小林史明　　　愛知県豊川市立御津北部小学校教諭

小胎未輝仁　　瀬戸SOLAN学園 初等部教諭

岩下雄哉　　　愛知県豊川市立小坂井東小学校教諭

谷中優樹　　　愛知県豊川市立豊川小学校教諭

愛知太郎　　　愛知県公立学校教諭

読むだけで授業の腕が上がるメールマガジン
「谷和樹の教育新宝島」

TOSS代表・谷和樹が、
師である向山洋一の膨大な実践資料を
的確かつフレッシュに解説。毎週金曜日配信。

　　公式ウェブサイト：https://www.shintakarajima.jp/ ➡

［編著者紹介］

川合賢典（かわい・けんすけ）

1980年　愛知県生まれ
2003年　愛知教育大学卒
2024年10月現在、愛知県豊川市立御油小学校勤務
豊川教育サークル01（ゼロ・ウーノ）代表
著書　『国語学習アクティビティ＆語彙ゲーム　授業の面白活用辞典』学芸みらい社

若い先生のパートナーズBooK／授業づくり
最高峰めざす授業
自分で授業分析・診断・改善する㊙ヒント

2025年1月5日　初版発行

編著者　川合賢典
発行者　小島直人
発行所　株式会社 学芸みらい社
　　　　〒162-0833　東京都新宿区箪笥町31番　箪笥町SKビル3F
　　　　電話番号 03-5227-1266
　　　　https://www.gakugeimirai.jp/
　　　　e-mail：info@gakugeimirai.jp
印刷所・製本所　株式会社ディグ
企　画　樋口雅子
校　正　菅　洋子
装　丁　吉久隆志・古川美佐（エディプレッション）
本文組版　小沼孝至

落丁・乱丁本は弊社宛にお送りください。送料弊社負担でお取り替えいたします。
©Kensuke Kawai 2025 Printed in Japan
ISBN978-4-86757-064-7 C3037

若い先生のパートナーズBooK
PARTNERS' BOOK FOR YOUNG TEACHERS

教室とは、1対30で勝負する空間。
教師は、1人で30人を相手に学びを創る世界に飛び込むのだ。
次世代をエスコートする「教室の責任者」である担任は、

- 気力は眼にでる
- 教養は声にでる
- 秘められた感情は口元にでる

これらをメタ認知できる知識人にして行動人であれ。
その水源地の知恵が凝縮されたのが本シリーズである。

PARTNERS' BOOK
FOR
YOUNG TEACHERS